化学工业出版社"十四五"普通高等教育规划教材

普通高等教育一流本科专业建设成果教材

Tour Guide Practice

导游实务

李 冉 主编

化学工业出版社

·北京·

内 容 简 介

《导游实务》共分为七章,主要内容包括导游概述、团队导游服务、散客导游服务、导游服务技能、游客个别要求的处理、导游服务中常见事故与问题的预防及处理、导游实务相关知识。每一章都包含学习目标、典型案例、本章小结、复习思考题、实训题等板块,本书还配备了数字资源——音频。

本书可作为高等教育、高等职业教育旅游管理专业或导游专业师生教学用书以及各专业学生通识课程教学用书,也可作为各级各部门举办的导游人员培训班、成人高等院校、自学考试等教材使用,同时,本书还可作为旅游专业研究和科研人员的参考用书。

图书在版编目（CIP）数据

导游实务/李冉主编．—北京：化学工业出版社，2022.11

普通高等教育一流本科专业建设成果教材　化学工业出版社"十四五"普通高等教育规划教材

ISBN 978-7-122-42193-7

Ⅰ.①导⋯　Ⅱ.①李⋯　Ⅲ.①导游-高等学校-教材　Ⅳ.①F590.633

中国版本图书馆 CIP 数据核字（2022）第 171683 号

责任编辑：刘丽菲　　　　　　　　　　装帧设计：张　辉
责任校对：王鹏飞

出版发行：化学工业出版社（北京市东城区青年湖南街13号　邮政编码100011）
印　　装：大厂聚鑫印刷有限责任公司
787mm×1092mm　1/16　印张9　字数180千字　2022年11月北京第1版第1次印刷

购书咨询：010-64518888　　　　　　　　售后服务：010-64518899
网　　址：http://www.cip.com.cn
凡购买本书，如有缺损质量问题，本社销售中心负责调换。

定　价：49.00元　　　　　　　　　　　　　　　　　　　版权所有　违者必究

《导游实务》编写人员名单

（以姓氏笔画为序）

主　编：李　冉
副主编：朱　波　杨中焕　张　莹
　　　　罗玉环　郑冬梅　魏　敏
参　编：马海洋　李瑞雪　姜　婵
　　　　栾海英　韩兆君　翟代清

前　言

"十四五"时期，我国将全面进入大众化旅游时代。进入新发展阶段，旅游业面临高质量发展的新要求。导游服务是旅游服务的重要组成部分。导游服务质量不仅影响人们的旅游体验与满意度，而且关系到旅游目的地的形象与声誉。随着旅游业的发展，旅游需求呈现出多样化，对导游服务质量的要求也日益提高。导游人员必须在文化修养、工作能力、综合素质等方面向更高的目标努力。

本书以期能够反映旅游业与导游行业的新发展，使理论与实际更好地结合，提高内容的准确性与实用性。本书内容简明扼要，合理安排实践技能学习，具有可操作性，满足学生备考、专业学习、拓展知识的多重需要。全书共分为七章，主要内容包括导游概述、团队导游服务、散客导游服务、导游服务技能、游客个别要求的处理、导游服务中常见事故与问题的预防及处理、导游实务相关知识。

泰山学院旅游管理专业于2019年被评为首批国家级一流本科专业建设点，导游实务是旅游管理专业专业课之一，本书是一流本科专业建设成果。本书的编写，按照一流课程"两性一度"建设标准，兼顾导游职业要求与学生学习需求，遵循学习认知规律，注重思想政治教育。首先，每一章都包含学习目标、典型案例、本章小结、复习思考题、实训题等板块，由基础知识的学习，逐渐提升至实践能力以及创新能力的培养，坚持知识、能力、素质的有机结合，使学生达到高阶性的学习目标。其次，内容体现前沿性与时代性，突出创新性，本书配备了数字资源，为学生进行导游服务示范；增加挑战度，每章的实训题，以项目为驱动，提高学生导游服务水平、应变能力和分析、处理问题的能力。再次，融入思政元素，培养学生爱国主义精神、良好的职业道德修养与工匠精神，弘扬社会主义核心价值观，增强学生遵纪守法的意识和责任意识。

本书由多年从事导游实务教学的专业课教师和具有丰富导游实践经验的业界人士编写而成。其中，山东服装职业学院杨中焕老师负责第一章的编写；泰山学院李冉老师负责第二章的编写；山东第一医科大学魏敏老师负责第三章的编写；泰山学院郑冬梅老师负责第四章的编写；泰安市东岳导游服务中心张莹主任负责第五章的编写；山东服装职业学院朱波老师负责第六章的编写；山东服装职业学院罗玉环老师负责第七章的编写。

本书可作为普通高等教育旅游管理专业或导游专业师生教学用书以及各专业学生通识课程教学用书，也可作为各级各部门举办的导游人员培训班、成人高等院校、自学考试等教材使用，同时，本书还可作为旅游专业研究和科研人员的参考用书。

本书的编写特别感谢泰山学院马海洋老师，山东服装职业学院李瑞雪老师，山东旅游职业学院、全国特级导游韩兆君老师，山东永辉乡间生态旅游发展有限公司常务副总经理、国家金牌导游姜婵女士，山东第一医科大学栾海英、翟代清老师为本书的编写做出的贡献。

由于编者在理论与实践方面水平有限，编写时间仓促，书中难免有不足之处，敬请读者批评指正。

编者

2022 年 8 月

目 录

第一章 导游概述 001
第一节 导游发展史略与未来 001
第二节 导游人员 005
第三节 导游服务 013

第二章 团队导游服务 019
第一节 地方陪同导游人员服务程序与规范 019
第二节 全程陪同导游人员服务程序与规范 034
第三节 出境旅游领队服务程序与规范 039
第四节 景区导游人员服务程序与规范 044

第三章 散客导游服务 048
第一节 散客旅游概述 048
第二节 散客导游服务程序与规范 054

第四章 导游服务技能 065
第一节 导游语言艺术 065
第二节 导游讲解技巧 070
第三节 导游带团技能 081

第五章 游客个别要求的处理 093
第一节 游客个别要求处理概述 093
第二节 旅游行程方面个别要求的处理 096

第三节　住宿、餐饮方面个别要求的处理 …………………… 098
　　第四节　购物、娱乐方面个别要求的处理 …………………… 100
　　第五节　其他方面个别要求的处理 …………………………… 102

第六章　导游服务中常见事故与问题的预防及处理　107

　　第一节　事故预防与处理的原则 ……………………………… 108
　　第二节　技术性事故的预防与处理 …………………………… 110
　　第三节　游客人身安全事故的预防与处理 …………………… 116
　　第四节　游客财产安全事故的预防与处理 …………………… 120
　　第五节　突发性事故的处理 …………………………………… 122

第七章　导游实务相关知识　128

　　第一节　旅行社业务知识 ……………………………………… 128
　　第二节　社交礼仪知识 ………………………………………… 130
　　第三节　旅游卫生保健与安全知识 …………………………… 133

参考文献　136

第一章 导游概述

📖 **学习目标**

① 了解导游发展的历史与未来的发展趋势。
② 理解导游人员的概念。
③ 掌握导游人员的类型与职责。
④ 掌握导游人员的素质要求。
⑤ 理解导游服务的概念。
⑥ 掌握导游服务的特点。
⑦ 掌握导游服务的原则。

第一节 导游发展史略与未来

导游服务是旅游服务的一个重要组成部分,是旅游活动发展到一定阶段的产物,并随着旅游活动与旅游业的发展而发展。

一、导游发展史略

(一)世界导游史略

1. 古代的旅行活动与向导服务的出现

人类有意识的外出旅行产生于原始社会末期,随着旅游活动的发展,出现了"向导"服务,如古代帝王出巡时有侍从作为向导,士人漫游时有熟悉当地情况的人员作为向导。这些"向导"不仅引路,还就其所能介绍旅游景点和当地的风俗民情。

由于经济和交通工具的制约，古代参加旅游的人数少，旅游活动的规模不大，旅行的范围也有限。古代的旅行远非现代意义的旅游，它只是少数人的行为，古代的向导也不是一种职业，没有专门的要求，从根本上说不具有商业性质。但是它证明了导游服务是人们在旅游活动中的一种需求，它为旅游业的发展发挥了其特有的作用。

2. 近代旅游业的诞生与商业性导游的产生

世界公认的第一次商业性旅游是1841年由英国人托马斯·库克组织的。1841年7月初，在拉夫巴勒要举行一次禁酒大会，为了壮大这次大会的声势，托马斯·库克在城中张贴广告，招徕游客，包租了一列火车，使这次旅行非常成功。在这次旅行中，托马斯·库克作了全面的组织和安排，他从这次经历中发现，人们乐意别人为他们安排和组织旅游。1845年，库克创办了世界上第一家旅行社，"为一切旅游公众服务"是他的服务宗旨。他编制旅游手册，派遣陪同或导游为旅行团提供全程服务，推行包价旅游，将集体打折扣的方式引入旅游工作当中，为世界旅游业的发展立下了汗马功劳。托马斯·库克旅行社是世界上第一家商业性旅行社，近代旅游业从此诞生，以导游为职业的商业性导游也由此产生。

3. 现代旅游活动的兴起与导游服务的发展

1945年后，由于世界经济的稳步发展，人们收入水平不断提高，闲暇时间增多，大众化旅游活动迅速崛起并蓬勃发展。导游服务为游客的旅游活动顺利开展提供了安全、可靠的便利条件。导游人员队伍不断壮大，旅游服务质量，特别是导游服务质量引起了各国政府的高度重视，纷纷制定旅游服务质量标准，加强对导游人员执业资格、选拔、培训以及服务质量的管理。

（二）中国导游史略

中国第一代导游人员出现于1923年8月，上海商业储蓄银行的"旅游部"组建之时。中国的商业性导游服务，至今经历了四个发展阶段。

（1）起步阶段（1923—1949年）

中国近代旅游业起步较晚。20世纪初期，一些外国旅行社在上海等地设立旅游代办机构，总揽中国旅游业务，雇用中国人充当导游。1923年8月，上海商业储蓄银行总经理陈光甫先生在其同仁的支持下，在该银行下创设了旅游部。1927年6月，旅游部从该银行独立出来，成立了中国旅行社，这是中国历史上第一家商业性旅行社。与此同时，中国还出现了其他类似的旅游组织，如铁路游历经理处、公路旅游服务社、浙江名胜导游团等。1935年成立中国汽车旅行社，1936年筹组了国际旅游协会，1937年出现友声旅行团、现代旅行社等。这些旅行社和旅游组织承担了近代中国人旅游活动的组织工作，同时也出现了第一批中国导游人员。

（2）开拓阶段（1949—1978年）

1949年，我国第一家旅行社"华侨服务社"在厦门筹建，12月正式营业；1954年4月15日，中国国际旅行社在北京西交民巷4号诞生。

在这个阶段，我国导游人员有二三百人，工作语言有十几种。他们是中国导游队伍的一支主力军，为我国旅游业的发展做了大量的工作。

（3）发展阶段（1978—1989年）

中国共产党第十一届三中全会后，旅游业得到大力发展。为适应旅游业的大好形势，中国青年旅行社于1980年6月成立，1984年后，全国各地纷纷组建旅行社，全国导游人员猛增到两万余人。他们为我国旅游业的大发展做出了贡献。

（4）全面建设导游队伍阶段（1989年至今）

为了使导游服务水平适应我国旅游业的大发展，1989年3月，国家旅游局在全国范围内进行了一次规模空前的导游资格考试；同年，《中国旅游报》等发起了"春花杯导游大奖赛"。这些事件标志着我国开始迈入全国建设导游队伍的阶段。自此，每年举行一次全国性的导游资格考试。

1994年，国家旅游局决定对全国持有导游证的专职及兼职导游人员分等定级（初级、中级、高级、特级），进一步加强导游队伍建设。

2002年，国家旅游局开展整顿和规范旅游市场秩序活动，把全面清理整顿导游队伍作为三个重点环节之一来抓，促进了导游工作的规范化和导游队伍的建设。

2013年10月1日，《中华人民共和国旅游法》（以下简称《旅游法》）的正式实施推进了我国导游人员的职业化进程，全面提升了导游人员的素质和社会地位。

为发挥优秀导游引领示范和传帮带作用，自2015年起，国家旅游局先后开展"导游大师工作室"和"金牌导游"人才培养项目。

2016年5月，国家旅游局在江苏、浙江、上海、广东启动线上导游自由执业试点工作，在吉林长白山、湖南长沙和张家界、广西桂林、海南三亚、四川成都启动导游线上线下自由执业试点工作。

为保障导游合法权益，维护旅游市场秩序，顺应大众旅游时代的市场需求，国家旅游局认真贯彻落实党中央、国务院"放管服"改革要求，全面推进导游体制改革工作。2016年9月，国家旅游局废止了2001年颁布实施的《导游人员管理实施办法》，停止实施导游岗前培训考核、计分管理、年审管理和导游人员资格证3年有效等制度，2017年颁布《导游管理办法》，为导游换发集导游基本信息、执业信息、社会评价为一体的"电子导游证"，代替原IC卡导游证，建设"全国旅游监管服务平台"，规范导游执业证件和执业行为管理，便利导游信息变更、异地执业换证手续，细化导游执业管理规范，加强导游事中事后监管和执业保障激励，逐步形成"社会化、扁平化、实时化、常态化"的导游管理体制。

2018年，为增强和彰显文化自信，统筹文化事业、文化产业发展和旅游资源开发，提高国家文化软实力和中华文化影响力，推动文化事业、文化产业和旅游业融合发展，文化部与国家旅游局组建文化和旅游部。文化和旅游部高度重视导游权益保障工作，2019年，组织召开全国导游工作座谈会，总结、交流各地在导游管理，特别是劳动权益保障等方面的经验做法。新型冠状病毒肺炎疫情发生后，为帮助广大导游人员摆脱困境，印发了《关于积极应对疫情影响保持导游队伍稳定相关工作事项的通知》，各地文化和旅游部门积极开展免费线上培训，协调减免导游会费，设立专项帮扶基金、发放困难补助、申请失业保险、提供就业担保，全力保持疫情期间导游人员队伍稳定。

二、导游服务的发展趋势

随着经济全球化、网络普及化、交通现代化、需求个性化的发展，旅游业呈现出新的发展趋势，对导游工作也提出了更高的要求。进入新时代，我国综合国力显著增强。聚焦"人民日益增长的美好生活需要"，人民群众不仅对物质文化生活提出更高要求，对精神文化生活的需求也在提高，旅游需求将不断扩大，我国旅游业发展前景看好。

（一）导游内容的高知识化

导游服务是一种知识密集型的服务，导游人员通过讲解来传播文化、传递知识，促进世界各国、地区间的文化交流。随着人们文化修养的提高，对知识的更新更加重视，文化旅游、专业旅游、生态旅游、科研考察旅游将越来越多，必将对导游工作提出更高的知识要求。

（二）导游手段的科技化

随着科技的发展，出现了各种先进的移动视听手段，将来还会有更先进的科技手段运用到导游工作中来。导游人员必须学会使用这些先进的设施，在游前导、游时导和游后导中运用自如，与实地导游讲解密切配合。

（三）导游方法的多样化

旅游动机的多样性与复杂性决定了旅游活动形式的多元化发展。如参与性旅游活动的发展，就意味着人们追求自我价值实现的意识在不断增强。在旅游活动中，游客参与各类竞赛，参加各类民俗节庆活动，与当地居民一起活动、生活，还在旅游目的地学习语言、各种手艺和技能，甚至参加探险活动等。这要求导游人员不仅会讲解，还要能动手演示，与游客一起参加各种活动。导游方法的多样化要求导游人员不仅要有强健的体魄，吃苦耐劳的精神，还要多才多艺，勇敢机智。

（四）导游服务的个性化

游客由于组成结构的复杂性，个人的兴趣特点存在差异。在旅游这一特定的情况下，接待时应考虑游客的心理，因人而异地安排活动内容，为客人提供个性化服务。

（五）导游职业的自由化

在旅游业迅速发展的今天，我国的导游人员就业环境、工作环境发生了较大的变化，由旅行社的专职导游人员向导游职业自由化迈进。

第二节　导游人员

导游人员是导游服务的主体，导游人员素质的高低与能力的强弱直接影响着导游服务的质量，影响着游客对其"游历质量"的满意程度，因此，人们常说导游人员是一个国家和地区形象的代表，是民间交流的友好使者，是旅游服务的忠实实践者，是旅游业的灵魂。

一、导游人员的概念

导游人员是指按照《导游人员管理条例》的规定取得导游证，接受旅行社委派，为游客提供向导、讲解及相关旅游服务的人员。

导游人员的概念包括三个层次：导游人员是指按规定取得导游证的人员；是接受旅行社委派的人员；是为游客提供向导、讲解及相关旅游服务的人员。

《导游人员管理条例》规定导游人员必须持证并经旅行社委派上岗；在进行导游活动时，应当佩戴导游证，以便接受旅游行政部门的管理和游客的监督。

二、导游人员的类型与职责

（一）导游人员的分类

1. 按业务范围划分

（1）出境旅游领队

简称领队。是指依法取得从业资格，受组团社委派，全权代表组团社带领旅游团（游客）出境旅游，监督境外接待旅行社和导游人员等执行旅游计划，并为游客提供出入境等相关服务的人员。

（2）全程陪同导游人员

简称全陪。是指受组团旅行社委派，作为组团社的代表，在领队和地方陪同导游人员的配合下实施接待计划，为旅游团（游客）提供全程陪同服务的工作人员。

（3）地方陪同导游人员

简称地陪。是指受接待旅行社委派，代表接待旅行社实施接待计划，为旅游团（游客）提供当地旅游活动安排、讲解、翻译等服务的工作人员。

（4）景区导游人员

亦称讲解员。是指在旅游景区，如博物馆、自然保护区等为游客进行导游讲解的工作人员。他们只负责讲解而不涉及其他事务。

前两类导游人员主要任务是进行旅游活动的组织和协调。第三类导游人员既有当地导游活动的组织、协调任务，又有进行导游讲解或翻译的任务。第四类导游人员的主要业务是从事所在景区的导游讲解。在通常情况下，前三类导游人员，即全陪、地陪和领队组成一个导游集体，共同完成一个旅游团队的接待任务。三位导游人员代表三方旅行社的利益，他们大多互不认识，要共同完成一定时空中的导游服务，也就需要相互协作。这种内部协作愉快与否，直接影响着游客的旅游经历的质量。从这一点上可以说，游客一次舒心愉快的旅行，取决于导游服务的高质量；导游服务的高质量则取决于三位导游人员的精诚合作。

2．按职业性质划分

（1）专职导游人员

指在一定时期内以导游工作为其主要职业的导游人员。目前，这类导游人员大多数受过中、高等教育，或受过专门训练，一般为旅行社的正式职员，他们是当前我国导游队伍的主体。

（2）兼职导游人员

亦称业余导游人员。是指不以导游工作为其主要职业，而利用业余时间从事导游工作的人员。

3．按导游使用的语言划分

（1）中文导游人员

指能够使用普通话、地方话或者少数民族语言从事导游业务的人员。

（2）外语导游人员

指能够运用外语从事导游业务的人员。

4．按技术等级划分

（1）初级导游人员

参加全国导游资格考试成绩合格，与旅行社签订劳动合同或在相关旅游行业组织注册的人员，申请取得导游证，自动成为初级导游人员。

（2）中级导游人员

初级导游人员报考同语种中级导游人员和初级外语导游人员报考中文（普通话）导游人员的，学历不限；初级中文（普通话）导游人员和中级中文（普通话）导游人员报考中级外语导游人员的，需具备大专及以上学历。取得导游人员资格证书满3年，或具有大专及以上学历的取得导游资格证书满2年，报考前3年内实际带团不少于90个工作日，经笔试《导游知识专题》、《汉语言文学知识》或《外语》，合格者晋升为中级导游人员。

（3）高级导游人员

具有本科及以上学历或旅游类、外语类大专学历，取得中级导游证书满3年，报考前3年内以中级导游人员身份实际带团不少于90个工作日，经笔试《导游能力测试》和《导游综合知识》，合格者晋升为高级导游人员。

（4）特级导游人员

依据《导游等级划分与评定》（GB/T 34313—2017）取得高级导游人员等级满3年，申请评定前3年内带团应不少于90天，申请评定前3年内游客和社会反映良好，无旅游服务质量投诉，有一定的导游相关工作的研究成果，经论文答辩通过后晋升为特级导游人员。

（二）导游人员的职责

1. 导游人员的基本职责

导游人员的基本职责是指各类导游人员都应予以履行的共同职责，主要包括以下五个方面。

（1）接受导游任务，引导文明游览；

（2）进行导游讲解，传播中国文化；

（3）安排旅游事宜，保护游客安全；

（4）反映意见要求，安排相关活动；

（5）解答游客询问，处理相关问题。

2. 出境旅游领队的职责

出境旅游领队是经国家旅游行政主管部门批准组织出境旅游的旅行社的代表，是出境旅游团的领导者和代言人。其主要职责是：

（1）全程服务，旅途向导。出发前，向旅游团介绍旅游目的地概况及注意事项，全程陪同旅游团进行参观游览活动。

（2）落实旅游合同。代表组团社监督和配合旅游目的地全陪、地陪，全面落实旅游合同，安排好旅游计划，组织好旅游活动。

（3）做好组织和团结工作。维护旅游团团结，协调游客之间的关系，妥善处理矛盾。

（4）协调联络，维护权益，解决难题。

3. 全程陪同导游人员的职责

全程陪同导游人员又称全陪，是组团社的代表，对所率领的旅游团（游客）的旅游活动负有全责，因而在整个旅游活动中起着主导作用。其主要职责是：

（1）实施旅游接待计划。按旅游合同或约定，实施组团社的接待计划，监督各地接待旅行社执行计划的情况和接待服务质量。

（2）联络工作。负责旅游过程中组团社和各地接待社之间的联络，做好旅行各站之间的衔接工作。

（3）组织协调工作。协调导游服务集体各成员之间的合作关系，督促、协助各地方接待旅行社安排、落实各项旅游活动，照顾好游客的旅行生活。

（4）维护安全、处理问题。在旅游过程中维护游客的人身、财物安全，处理突发事件。

（5）宣传、调研工作。宣传中国（地方）文化，解答游客的问询；了解外国（外地）文化，转达游客的意见、建议和要求。

4. 地方陪同导游人员的职责

地方陪同导游人员又称地陪，是地方接待旅行社的代表，是旅游计划在当地的执行者，是当地旅游活动的组织者。其主要职责是：

（1）安排旅游活动。根据旅游接待计划，科学、合理地安排旅游团（游客）在当地的旅游活动。

（2）做好接待工作。认真落实旅游团（游客）在当地的迎送工作和食、住、行、游、购、娱等各项服务；在与领队的配合下，做好当地旅游接待工作。

（3）导游讲解。做好旅游团（游客）在当地参观游览中的导游讲解和翻译工作，耐心解答游客的问题。

（4）维护安全。维护游客的安全，做好事故防范和安全提示工作。

（5）处理问题。妥善处理当地各相关服务单位之间的协作关系以及旅游团（游客）在本站旅游过程中可能出现的各类问题。

5. 景区导游人员的职责

（1）导游讲解。

（2）安全提示。

（3）结合景物向游客宣讲环境、生态和文物保护知识。

三、导游人员的素质

对任何一个组织中的群体或个体，素质是第一要求。导游人员的工作繁杂、责任重大，因而对一名合格导游人员的素质要求是多方面的。

（一）良好的思想素质

1. 热爱祖国，热爱社会主义

热爱祖国，在任何时代、任何国家，都是伦理道德的核心。热爱祖国、热爱家乡、热爱社会主义制度是中国导游人员的首要美德。

2. 践行社会主义核心价值观和旅游行业核心价值观

（1）践行社会主义核心价值观

党的十八大报告，明确提出"三个倡导"，即"倡导富强、民主、文明、和谐，倡导自由、平等、公正、法治，倡导爱国、敬业、诚信、友善，积极培育和践行社会主义核心价值观"，这是对社会主义核心价值观基本内容的精辟概括，即概括了国家的价值目标、社会的价值取向和公民的价值准则。

（2）践行旅游行业核心价值观

旅游行业核心价值观是"游客为本，服务至诚"。它是社会主义核心价值观在旅游行业中的具体体现。"游客为本"与"服务至诚"二者相辅相成，共同构成旅游行业核心价值观的有机整体。"游客为本"为"服务至诚"指明方向，"服务至诚"为"游客为本"提供支撑。

3. 遵守社会公德和旅游职业道德

导游人员在导游服务中要自觉遵守社会公德，讲究文明礼貌，要养成良好的生活习惯。

（二）扎实的知识素质

随着时代的发展，现代旅游活动更加趋向于对文化、知识的追求。人们出游，除了消遣，还想通过旅游来增长知识、增加阅历、获取教益，这就对导游人员提出了更高的知识要求。导游人员的知识越丰富、信息量越多，就越有可能把导游工作做得有声有色，就能在更大程度上满足游客的知识需求。

1. 语言

语言是导游人员最重要的基本功，是导游服务的工具。"工欲善其事，必先利其器"，导游人员若没有扎实的语言功底，就不可能顺利地进行文化交流，也就不可能高质量地完成导游服务工作。导游语言的八要素为：言之有物、言之有据、言之有理、言之有情、言之有礼、言之有神、言之有趣、言之有喻。导游人员要讲一口标准的普通话，说话要吐字清晰，语言使用准确，外语导游人员还要熟练掌握外语。

导游讲解是一项综合性的口语艺术，要求导游人员具有很强的口语表达能力，而导游人员的口语艺术必须建立在丰富的知识、扎实的语言功底基础之上。

2. 史地文化知识

史地文化知识是导游讲解的素材，包括历史、地理、民族、宗教、风俗民情、风物特产、文学艺术、古建园林等诸方面的知识，导游人员要善于学习积累、综合理解以上各方面的知识，以便在不同景点的讲解中灵活运用，融会贯通，提高导游讲解水平，使游客从讲解中学到新的知识，得到美的享受，这对做好导游服务工作具有特别重要的意义。

3. 政治、经济和社会知识

在旅游活动中，游客对旅游目的地的政治、经济和社会问题比较感兴趣，常常就这类问题发问，听听导游人员的意见。因此，导游人员应了解目的地政治、经济体制及其改革发展方向等。

4. 政策法规知识

政策法规是导游人员工作的指针，是处理问题的原则。

导游人员必须掌握的行业法规有《中华人民共和国旅游法》《旅行社条例》《旅行社条例实施细则》《导游人员管理条例》《旅游投诉处理办法》等。此外，导游人员还要了解和熟悉与旅游服务密切相关的国家法律、法规，如《中华人民共和国民法典》《中华人民共和国消费者权益保护法》《中华人民共和国出境入境管理法》《娱乐场所管理条例》等。

5. 心理学和美学知识

导游人员要学会运用心理学知识了解游客，有的放矢地做好导游讲解和旅行生活服务；有针对性地提供心理服务，从而使游客从心理上得到满足，在精神上获得享受。同时导游人员也要运用心理学知识处理好与各种各样的旅游接待部门工作人员的关系。导游人员还要运用心理学知识随时调整自己的心理状态，使自己始终精神饱满、热情周到地为游客服务。

旅游活动是一项综合性的审美活动，要求导游人员懂得什么是美、知道美在何处，并且善于运用生动形象的语言向不同审美情趣的游客传递审美信息，帮助他们最大限度地获得美的享受。导游人员还要运用美学知识指导自己的衣着打扮和言行举止，因为导游人员本身就是游客的审美对象。

6. 客源国（地区）知识

游客的各种旅游行为和需要是与其居住地的文化传统、生活习惯密不可分的。在旅游活动中，游客的价值观和生活习惯往往和旅游目的地居民以及导游人员不尽相同，有时甚至截然不同。所以，导游人员作为联系旅游客源国（地区）和旅游目的地的文化使者不仅应熟悉本国、本地区的历史、文化、风俗等情况，还应了解旅游客源国（地区）的历史、地理、文化、民族、风土人情、宗教信仰、民俗禁忌等。了解这方面知识，有助于导游人员向客源国（地区）的游客提供恰到好处的服务，避免因言行不当引起他们的反感。

7. 旅游相关业务知识

导游人员作为旅游活动的组织者，除了带领游客参观游览外，还要安排好游客的交通、食宿等旅行生活事宜，并维护游客的安全。为此，导游人员应熟练地掌握相关旅游服务的规程和知识，如民航票务、出入境手续的办理、航空行李托运、铁路交通运输等方面的知识，以及必要的卫生防疫知识、货币知识、保险知识、安全救护知识等。导游人员懂得这些方面的知识，不仅有利于旅游活动的顺利进行，而且有助于导游人员在工作中少出差错。

8. 前沿知识

导游人员服务的游客多种多样，虽然大多数为平凡工作岗位上的人员，但也可能有某方面的专家、学者。随着我国工业旅游、科教旅游的开展，导游人员也需要了解一些科技和国家经济建设前沿的知识，如航空航天知识、纳米技术知识、生物工程知识、信息技术知识、知识产权知识、政治体制和经济体制改革知识、环境保护和可持续发展知识等。了解这方面的知识，不仅可扩大导游人员的知识面，使自己赶上时代发展的潮流，而且有利于导游人员较好地应对工作中的不时之需。

（三）较强的业务技能素质

一个旅游团是因为旅游而临时组织起来的，游客之间可能本来素不相识，他们往往文化修养不同，生活习惯、兴趣爱好也有较大差异。为了圆满做好导游服务工作，导游人员不仅要具有较强的实力，也要掌握必不可少的服务技能，还要注意工作时的方式、方法。语言、知识、服务技能构成了导游服务三要素，缺一不可。只有三者和谐结合才能向游客提供高质量的导游服务。

1. 独立工作能力

导游服务工作的独立性很强。带团外出旅游，导游人员一般是独当一面：独立地组织旅游活动，独立地处理各种各样的问题等。所以较强的独立工作能力对导游人员成功完成导游工作具有特殊意义。

2. 组织协调能力

导游人员接团后，要根据旅游接待计划合理安排旅游活动，带领全团游览好、生活好。这就要求导游人员具有较强的组织协调能力；要求导游人员在安排活动时有较强的针对性并留有余地；在组织各项活动时讲究方式、方法并及时掌握变化着的客观情况，灵活地采取相应的有效措施。

3. 善于和各种人打交道的能力

导游人员的工作对象面广、复杂，善于和各种人打交道是导游人员最重要的技能之一。与品质各异、性格不同的中外人士交往，要求导游人员必须掌握一定的公共关系学知识并能熟练运用，且具有灵活多变、能适应不断变化着的氛围的能力，随机应变处理问题，搞好各方面的关系。

由于导游工作的性质特殊，决定了导游人员的人际关系比较复杂。这就要求导游人员应是一个活泼型、外向型的人，是一个精力充沛、情绪饱满的人，是一个具有爱心、热情地与人交往、待人诚恳、富于幽默感的人，是一个有能力解决问题、可以让人信赖依靠的人。

4. 导游讲解能力

导游人员要学会对相同的题材从不同角度讲解，使其达到不同的意境，满足不同审美情趣游客的审美要求。

5. 特殊问题的处理和突发事件的应变能力

旅游活动中出现问题和事故在所难免，能否妥善处理问题和事故是对导游人员的考验。临危不惧、处惊不乱、头脑清醒、处事果断、办事利索、随机应变是导游人员处理问题和事故时应有的素质。旅游活动中出现问题和事故的时空条件、问题和事故的性质各不相同，应该根据不同情况采取相应措施，合情、合理、合法地予以处理。

6. 引导游客文明旅游能力

2015年国家旅游局发布的《导游领队引导文明旅游规范》规定，"导游领队人员应兼具为旅游者提供服务，与引导旅游者文明旅游两项职责。"导游领队人员身具"一岗双责"，即在服务游客的过程中还包括引导游客文明旅游的内容。一方面要不断提高为游客服务的水平，另一方面还要善于引导游客开展文明旅游活动。为此，导游领队人员应该：

（1）率先垂范：在工作期间应以身作则，遵纪守法，恪守职责，注重仪容仪表、衣着得体，言行规范，举止文明，为游客做出良好示范。

（2）合理引导：对游客文明旅游的引导应诚恳、得体；关注游客的言行举止，在适当时机对游客进行相应提醒、警示、劝告；应积极主动营造轻松和谐的旅游氛围，引导游客友善共处、互帮互助，引导游客相互督促、友善提醒。

（3）正确沟通：导游领队人员应注意与游客充分沟通，增强与游客之间的互信，增强引导效果；对游客的正确批评和合理意见，导游领队人员应认真听取，虚心接受。

（4）分类引导：导游领队人员应根据不同游客和不同情况对其旅游行为进行引导。在带团前，熟悉团队成员、旅游产品、旅游目的地的基本情况，为恰当引导游客做好准备；对未成年人较多的团队，应侧重对家长的引导，并需特别关注未成年人特点，避免不文明现象发生；对无出境记录游客，应特别提醒旅游目的地风俗禁忌和礼仪习惯，以及出入海关、边防（移民局）的注意事项；游客生活环境与旅游目的地环境差异较大时，导游领队应提醒游客注意相关习惯、理念差异，避免言行举止不合时宜而导致的不文明现象。

（四）良好的身心素质

导游服务既需要高度的智慧和能力，又需要充沛的体力和定力。身心健康主要表现为：

1. 身体健康

导游工作是一项脑力劳动和体力劳动高度结合的工作，工作纷繁，量大面广，流动性强，体能消耗大，而且工作对象复杂，所以，导游人员必须要有一个健康的体魄。

2. 心理健康

心理健康是指导游人员在带团过程中能自始至终不受外来因素的不良影响，保持愉快、饱满的良好精神状态。导游人员外出带团时，往往会遇到来自不同方面的压力，如果导游人员不能进行自我心理调适，化解或分散这些外来的影响，就容易产生工作热情下降、精神萎靡不振，猜忌多疑、患得患失，和游客关系紧张等，影响工作的顺利开展。

3. 思想健康

思想健康是指人们对人、对事、对物应抱的正确态度和处事原则，即要知道自己该做什么，不该做什么，要有自己一套生活学习工作处事的原则，并认真执行。对导游人员来说，就是首先要正确对待自己从事的职业，认真做好导游服务工作；其次是能在工作中正确处理名和利的问题，能排除不健康的思想意识和各种形式的诱惑。为此，导游人员要有高尚的情操和很强的自控能力，要不断学习，提高自己的思想觉悟，努力把个人的功利追求同国家的利益融合起来；要提高判断是非、识别善恶、分清荣辱的能力；要培养意志坚定、自我调控的能力，自觉地抵制形形色色的诱惑和精神污染。

第三节　导游服务

导游服务从旅游业形成和发展初期的向导服务发展到今天集向导、导游讲解和生活照料于一身的综合服务，经历了一个漫长的历程。

一、导游服务的概念

导游服务是导游人员代表被委派的旅行社，以提高游历质量为宗旨，以指导参观游览、沟通思想情感为方式，按照组团合同或约定的内容和标准向旅游团（者）提供的旅游接待服务。这一定义包括以下含义：

导游服务的主体是导游人员，没有导游人员参与的服务不能称之为"导游服务"。从事导游服务的人员必须通过导游资格考试，获得旅游行政管理部门颁发的导游证，才能从事导游服务。

导游服务是旅行社委派导游人员提供的一项旅游接待业务，未获旅行社委派的陪同参观、游览的服务（如所谓"陪游""伴游"等），不属于导游服务。导游服务的宗旨是提高游客的"游览质量"，即提高游客对其旅游经历的满意度，其中包含了主、客观两方面的因素，因此，导游服务应包括功能服务与心理服务。向游客介绍名胜古迹、告知餐厅位置、办理入住手续等程序式服务属于功能服务，而对游客所显示的态度与表露的情感则属于心理服务。

导游服务必须按照组团合同或事前约定的内容和国家颁布的质量标准实施。导游人员不得擅自增加自费项目或减少甚至取消约定的旅游项目，而应该努力维护游客的合法权益。

二、导游服务的特点

导游服务是一种高智力、高技能的服务工作，贯穿于旅游活动的全过程，因而是旅游服务中最具代表性的服务。导游服务有着与其他服务不同的特点。

（一）独立性强

导游人员在接受了旅行社委派的任务后，带团外出旅游时往往要独当一面。导游人员要独立地宣传、执行国家政策，要独立地根据旅游接待计划组织活动、带旅游团参观游览，尤其是出现问题时，导游人员还须独立地、合情合理地进行处理。

导游人员的导游讲解也具有相对的独立性。导游人员要根据游客不同审美情趣有针对性地进行导游讲解以满足他们的精神享受需求。这是导游人员的主要任务，每位导游人员都应独立完成，其他人无法代替。

导游服务的这一特点要求导游人员要勇于向困难挑战，在战胜困难的过程中提高自己的各种能力。

（二）脑体高度结合

导游服务是一项脑力劳动和体力劳动高度结合的工作。导游人员接待的游客中，各种社会背景、文化水平的都有，因此导游人员需要很广的知识面，古今中外、天文地理、政治、经济、社会、文化、医疗、卫生、宗教、民俗等均需涉猎。导游人员在进行景观讲解、解答游客的问题时，需要运用所掌握的知识和智慧来应对。另一方面，导游人员经常要跋山涉水、远距离行路，还要不晕车（机、船）和适应各地的水土与饮食。除了在游览过程中进行介绍、讲解之外，还要随时随地应游客的要求，帮助解决问题，事无巨细，也无分内分外之分。尤其是旅游旺季时，导游人员往往连轴转，无论严寒酷暑，长期在外工作，体力消耗大，又常常无法正常休息。

导游服务的这一特点要求导游人员具有广博的知识和健康的体魄，以便能随时随地向游客提供所需要的服务。

（三）复杂多变

导游服务涉及食、住、行、游、购、娱各个方面，不仅繁杂，且变化很大，其复杂

性主要表现在如下几个方面:

1. 服务对象复杂

导游服务的对象是游客,他们来自五湖四海,各种国籍、民族、肤色的人都有,职业、性别、年龄、宗教信仰和受教育程度的情况也各异,至于性格、习惯、爱好等更是千差万别。导游人员面对的就是这么一个复杂的群体,而且由于接待的每一批游客都互不相同,因此又是个不断变化着的复杂群体。

2. 游客需求多种多样

导游人员除按照接待计划安排和落实游客旅游过程中的食、住、行、游、购、娱基本活动外,还有责任满足或帮助满足游客随时提出的各种个别要求,以及解决或处理旅游中随时出现的问题和情况,如会见亲友、传递信件、转递物品、游客患病、游客走失、游客财物被窃与证件丢失等,而且由于对象不同、时间场合不同、客观条件不同,同样的要求或问题也会出现不同的情况,需要导游人员审时度势、准确判断并妥善处理。

3. 接触人员多,人际关系复杂

导游人员除天天接触游客之外,在安排和组织游客活动时还要同饭店、餐馆、景点、交通等部门和单位的人员接洽,而且也要处理与合作的其他导游人员的关系。虽然导游人员面对的这些方方面面的关系是建立在共同目标基础之上的合作关系,但是每一种关系的背后都有各自的利益,落实到具体人员身上,情况可能更为复杂。导游人员一方面代表委派自己的旅行社,要维护旅行社的信誉和利益,另一方面,又代表游客,要维护游客的合法权益,还要以双重代表的身份与有关各方交涉。导游人员处于这种复杂的人际关系网的中心,在工作中若稍有差错或微小疏漏,就会影响各个方面。

4. 要面对各种各样的物质诱惑和精神污染

导游人员的工作活动范围广,可周游全国乃至世界,在此过程中可丰富阅历、增长知识。正如歌中所唱"外面的世界很精彩",导游人员无时不处在各种诱惑之中。处在这种氛围中的导游人员需要有较高的思想政治水平、坚强的意志和高度的政治警惕性,能始终保持清醒的头脑,自觉抵制精神污染。

导游服务的这一特点要求导游人员要有高度的责任感和敬业精神,以及较强的心理自控能力,从而能沉着冷静地处理各种变化的情况和问题。

(四)跨文化性

现代旅游是一种包括文化、经济、政治内容在内的,跨越国家与地区、跨越民族与宗教、跨越性别与职业的综合性活动。导游人员要了解不同国度的文化差异,适应旅游活动的跨文化性,选择服务对象能够理解和接受的语言表达方式,取得理想的服务效果。

补充材料1-1

中国正在向全世界讲述中国故事，而涉外导游从事的普通工作，正是在民间天天传播中国故事。

有一名导游人员向美国游客介绍竹文化，特别是竹子在中国文化中的寓意，一位家庭刚刚遭受意外、失去亲人的太太动情地握住导游的手说："谢谢你，虽然我是带着受伤的心来到中国，但是我会像竹子一样坚忍不拔，顽强地生活下去。"每到一地，这位太太一旦看到有竹子图案的工艺品，就统统收入囊中。她说要把竹子带回美国，每天看到竹子，心中就有力量。

三、导游服务的原则

（一）"宾客至上"原则

"宾客至上"是服务行业的服务宗旨、服务人员的行动指南，也是工作中处理问题的出发点。

众所周知，服务行业离不开顾客，他们是服务行业存在、发展的前提和基本保证。属第三产业的旅游业需要它的特殊顾客——游客，旅游企业需要游客，导游人员本人也需要游客，如果没有了游客，导游人员就失去了主要服务对象，导游人员需要充分认识到这一点。

导游服务面对的是不断变化的服务对象和不断变化的服务环境与服务内容，所以导游服务需要不断创新，来保证服务质量。"宾客至上"要求导游人员要研究游客的消费心理与消费需求，不断进行服务创新。

（二）AIDA原则

AIDA原则是市场推销原则，它简明扼要地说明了消费者的行为模式。AIDA由下述四级英文词的词首字母组成：

A——Attention（通过有趣的、尽可能具体的形象介绍）引起谈话对方对所推销商品的注意力；

I——Interest（进一步展开已经引起对方注意的谈话）激起谈话对方对商品的兴趣；

D——Desire促使谈话对方希望进一步了解情况，获得启示，激起对商品的占有欲望；

A——Action继续努力，促使谈话对方采取占有商品的行动。

各国导游人员已将这一原则运用到导游服务中，用以推销附加游览项目，不得已变更游览活动内容时用此方法使游客接受替代项目,在处理问题时也以此原则作为行为模式;在调节游客的情绪时,在调整与游客的关系时,在创造旅游团的友好气氛时,这个原则往往能起重要作用。

(三)"合理而可能"原则

"合理而可能"原则既是导游服务原则,也是导游人员处理问题、满足游客要求的依据和准绳。游客外出旅游一般都会产生求全心理,往往把旅游活动理想化,常常在生活和游览活动方面提出种种要求、意见和建议,有时甚至对旅游活动的安排横加指责,少数人还一味挑剔。能否处理好游客的要求、意见和建议以及少数人的指责、挑剔,关系重大,有时会影响整个旅游服务的成败。

当游客提出要求、意见时,导游人员必须认真倾听,冷静、仔细地分析,看是否合理,是否可能实现;对个别人的指责和挑剔也要认真对待,看其中是否有合理的成分,导游人员对此绝不能置之不理,更不得断然拒绝、严厉驳斥。凡是合理的又有可能实现的,即对游客有益的而且是正当的,导游人员就应该努力去做,如果没有做好就应改正,给予弥补。对不合理或不可能实现的要求和意见,导游人员要耐心解释,解释时要实事求是、通情达理,使游客心悦诚服。

典型案例

山东某地一位导游人员接待了一个16人的旅游团。该团成员中,9人为回族,2人为汉族,5人为维吾尔族,其中4人完全听不懂汉语,有1人既懂汉语又懂维吾尔语。由于该团这种情况,旅行社在接待计划中未包含餐食,需要导游人员在接待中妥善解决,于是,接团导游人员便利用接团空余时间,不辞辛苦,想尽了各种办法,保证游客吃好、玩好,最后圆满地完成了接待任务。如果你接待该团,该如何解决这些游客用餐和部分游客完全听不懂汉语的问题?

案例点评:

首先,由于该团上述情况,旅行社难以安排该团的集体餐食,接团的导游人员要灵活地妥善解决;其次,该导游人员本着能够让游客吃得合口、吃得舒服的精神,不辞辛苦,最终得到了他们的肯定,这种一切为了游客的工作态度和努力克服困难的精神值得赞扬。

处理方案:

首先,利用各种途径(如上网搜查、打114咨询、利用自由活动时间出外寻找等)寻找合适餐厅(馆),联系其中餐饮质量和卫生条件好的餐厅(馆)进行安排。

其次,对于完全听不懂汉语的游客,可请该团既懂汉语又懂维吾尔语的那位游客帮助翻译,使他们能了解导游讲解的内容。

> 最后，尽可能事先和在接待过程中向该团游客学习一些最简单的维吾尔语，以方便同那些不懂汉语的游客打招呼，拉近同他们的距离。

本章小结

导游服务从产生到发展经历了一个漫长的历程，在今天又呈现出新的特点。导游人员的基本任务是向游客提供导游讲解服务和旅行生活服务，传播文化，提高游客的游历质量。一名合格的导游人员应具备较高的基础素质和能力素质。随着旅游活动呈多元化发展趋势，未来的导游服务定将产生新的特点，这给导游人员提出了更高的要求。

复习思考题

1. 导游服务未来的发展趋势给导游职业带来了许多新的压力和挑战，你对此有何看法？
2. 导游人员的基本职责主要有哪些？
3. 面对激烈的竞争，如果你是导游人员，你怎样跟上形势的发展，在竞争中立于不败之地？
4. 请结合实际，谈一谈游客心目中合格的导游人员是什么样的？
5. 什么是导游服务？导游服务在旅游业中的作用是什么？
6. 导游服务的特点和原则是什么？

实训题

查阅我国或国外优秀导游人员的相关案例，对案例进行点评，并互相交流。

第二章 团队导游服务

学习目标

① 掌握地陪、全陪、领队团队导游服务的程序与规范。
② 掌握地陪欢迎辞与欢送辞的内容。
③ 了解景区导游人员团队导游服务的程序与规范。
④ 理解地陪、全陪、领队团队导游服务工作的区别。

旅游团队是指通过旅行社或旅游服务中介机构，采取支付综合包价或部分包价的方式，有组织地按预定行程计划进行旅游消费活动的游客群体。由于旅游团队人数较多、游客需求复杂多样，因此要求团队导游人员具备较高的导游服务技能，能够熟练掌握和运用导游服务程序与规范。

第一节　地方陪同导游人员服务程序与规范

地方陪同导游人员，简称地陪，是指受接待旅行社委派，代表接待社实施旅游接待计划，为旅游团（者）提供当地旅游活动安排、讲解、翻译等服务的导游人员。地陪的业务范围仅限于在当地为旅游团提供导游服务，但其服务内容比全陪和领队更为繁杂琐碎。地陪团队导游服务程序从地陪接到旅行社下达的旅游团队接待任务开始，到旅游团队离开本地并且完成后续工作为止。在整个服务过程中，地陪要做好充分的服务准备工作；按时做好旅游团的迎送工作；严格按照旅游接待计划，做好旅游团参观游览过程中的导游讲解工作以及食宿、购物、文娱等活动的安排工作；能够妥善处理旅游接待中各方面的关系和出现的问题。

一、服务准备

地陪在接到旅行社下达的旅游团队接待任务后，首先要做好服务准备工作。充分的服务准备是地陪顺利完成团队接待任务的前提。

（一）熟悉接待计划

接待计划是组团旅行社委托各地方接待旅行社组织落实旅游团活动的契约性安排，是地陪导游人员安排当地活动日程与提供导游服务的依据。接待计划主要包括以下几方面的内容：

1. 旅游团概况

组团社名称、组团社联络人的姓名与电话；全陪姓名与电话；旅游团名称、代号、国别及使用语言；旅游团的等级（如豪华等、标准等、经济等）；费用结算的方法等。

2. 旅游团成员基本情况

旅游团的人数、团员姓名、性别、年龄、职业、民族、宗教信仰等。

3. 本地的全程旅游路线

包括在本地即将参观游览的旅游景点、用餐的地点、下榻的饭店、购物活动等内容。

4. 所乘交通工具情况

旅游团队抵达、离开本地时所乘交通工具的种类、班次、时间和地点。

5. 交通票据情况

该团去下一站的交通票据是否已按计划订妥，有无变更及更改后的落实情况；如果是出境团，要确认游客所持的国际机票是不定期的机票（OPEN票），还是已定妥日期、航班、机座的机票（OK票）。

6. 特殊要求和注意事项

旅游团在住房、用餐、游览、购物等方面是否有特殊要求；该团是否有老年、小孩、生病、残疾等需要特殊照顾的游客；该团是否需要有关方面负责人出面迎送、会见、宴请等礼遇。

接待计划包含的内容较为繁杂，因此，地陪应认真、仔细地阅读接待计划，准确了解该团的服务项目和要求，重要事宜要做记录，避免有疏漏。在带团的过程中，地陪应严格按照接待计划为游客提供导游服务。

（二）安排活动日程

地陪要根据接待计划，具体安排旅游团在当地旅游活动的日程。活动日程主要包括旅游团在当地旅游活动的时间分配与活动内容的安排。地陪在安排活动日程时应遵循以下原则：

1. 安排活动日程时应考虑旅游团的特点

地陪应将当地最具代表性的游览项目作为主要的活动安排，同时还应考虑旅游团的特点，提供针对性比较强的导游服务。例如，对于探亲旅游团，可以安排游客多参观一些反映故乡风貌的景物；对于宗教旅游团，应尽量根据其宗教信仰选择游览和讲解的内容。

2. 活动安排应有张有弛，劳逸结合

旅游团的活动日程不要安排得过于紧张，应给客人留出充足的休息时间和空间，尽量使客人感到整个游览活动既充实又轻松愉快。

3. 兼顾各类活动，避免雷同

将各类活动相间安排，如室内活动与室外活动相间安排；自然景观的观赏与人文景观的观赏相间安排。应避免游览活动过于单一与重复，重复的安排往往会使本来充满美感的旅游项目变得平淡乏味。

（三）落实接待事宜

在旅游团抵达的前一天，地陪要与有关部门落实交通、住宿、用餐等服务的相关事宜。

1. 落实接待车辆与司机

地陪与旅游汽车公司或车队联系，确认旅游团所使用旅游车的车型、车牌号、司机的姓名与联系方式。与司机联系，确定接头的时间和地点，了解旅游车内设备（如空调、麦克风）的情况，并告知司机旅游活动的日程安排。

2. 落实住房与用餐

与旅游团即将入住的饭店取得联系，确认该团游客所住房间的数目、等级、楼层、早餐的类型等。与各接待餐厅联系，确认日程表上安排的每一次用餐的团号、人数、标准、开餐时间、特殊要求等。

3. 掌握联系电话

地陪应掌握旅行社各部门、饭店、餐厅、购物商店和其他导游人员的电话，以便及时取得联系。

4. 了解落实运送行李的安排情况

如果旅行社为旅游团安排了专门的行李车接运行李，地陪应与行李员联系，告知旅游团抵达的时间、地点以及下榻的饭店。

5. 了解不熟悉景点的情况

对于本地新建的和其他不熟悉的旅游景点,地陪应提前到实地了解概况,如开放时间、理想的行车路线、景点特色、休息场所、卫生间位置等,以便游览活动能够顺利进行。

6. 与全陪联系

地陪应提前与全陪联系,了解旅游团是否有变化,对当地的安排有何要求。若接待的入境旅游团是首站抵达,地陪应与全陪联系,约定见面时间和地点,一起提前赴交通站点迎接旅游团。

(四) 物质准备

地陪应准备好带团必要的物品,包括导游证、身份证、导游旗、扩音器、接站牌、游客意见表、团队接待计划表、区域地图、现金、门票结算单、餐饮结算单、记事本等。专项旅游还要带上相关的仪器设备。

(五) 知识准备

地陪要根据接待计划中确定的参观游览项目,收集相关的资料,撰写导游词,并根据旅游团的特点,确定导游讲解的方式与讲解的重点内容。接待有专业要求的团队,要做好相关专业知识、词汇的准备。做好当前热门话题、国内外重大新闻、游客可能感兴趣的话题等方面的准备。

(六) 形象准备

导游人员的形象会给客人留下深刻的印象,在一定程度上左右着客人对导游人员的主观态度。因此,地陪要做好形象准备。着装应整洁、得体、朴实;行为举止要端庄稳重、落落大方;能够在游客面前表现出良好的气质与修养,给客人留下美好的印象。

(七) 心理准备

导游工作具有独立性强、复杂多变、脑力劳动与体力劳动高度结合的特点。导游人员在带团期间,可能会遇到突发性的问题与事故。游客的需求也是多种多样的,有时导游人员虽然已经尽其所能热情地为游客服务,但还有可能会受到一些游客的抱怨甚至投诉。因此,地陪应做好充分的心理准备,准备面临艰苦复杂的工作,准备承受客人的抱怨和投诉。有了这些方面的心理准备,就会做到遇事不慌,遇到问题也能妥善迅速地处理。

二、迎接工作

迎接工作是地陪导游服务工作中非常重要的一个环节。这是地陪与旅游团第一次接触，第一次为客人提供导游服务，地陪的服务表现会给游客留下第一印象。良好的第一印象可以拉近导游人员与客人之间的距离，树立导游人员在客人心目中的威信。因此，在迎接工作中，地陪应通过为旅游团提供热情、周到的服务，给游客留下良好的印象。

（一）旅游团抵达前的工作

接团当天，地陪应提前到达旅行社，全面检查准备工作的落实情况，如发现纰漏要立即与有关部门联系落实，做到万无一失。

1. 确认旅游团所乘交通工具抵达的准确时间

地陪从旅行社出发前，问清该旅游团所乘的飞机（火车、轮船）到达的准确时间。一般情况下，应在飞机抵达的预定时间前2小时，火车、轮船预定到达时间前1小时确定。地陪要做好问询时间、旅游团抵达的计划时间、交通部门的时刻表时间的"三核实"。

2. 与旅游车司机联络

了解该旅游团所乘交通工具到达的准确时间后，地陪要立即与为该团在本地提供交通服务的司机联系，与其商定出发的时间，确保在旅游团抵达半小时前抵达机场（车站、码头），并确定接头地点。到达接站地点之后，地陪应与司机商定车辆停放的位置。

3. 再次核实旅游团抵达的准确时间

地陪提前抵达机场（车站、码头）后，要再次核实该旅游团所乘航班（车次、船次）抵达的准确时间。

4. 与行李员联络

配备行李车的旅游团，地陪应在旅游团出站前与为该团提供行李服务的旅行社行李员取得联络，通知该团行李送往的地点。

5. 持接站标志迎候旅游团

该旅游团所乘飞机（火车、轮船）抵达后，地陪应在旅游团出站前，持接站牌站立在出口处醒目的位置，热情迎候旅游团。接站牌上应写清团名、团号、领队或全陪姓名。接小型旅行团或无领队、无全陪的旅行团时，要写上游客姓名。

（二）旅游团抵达后的工作

1. 认找旅游团

旅游团出站时，地陪要站在明显的位置上举起接站牌，以便领队、全陪（或客人）前来联系。同时，地陪也应主动地认找自己的旅游团，可以从游客的民族特征、衣着、组团社的徽记等进行判断或上前委婉询问。如果该团有领队或全陪时，地陪应及时与领队、全陪接洽，问清该团来自哪个国家（地区）、客源地组团社名称、领队及全陪姓名等。如该团无领队和全陪，地陪应与该团成员逐一核对团名、国别（地区）及团员姓名等，一切相符后才能确定是自己应接的旅游团。

2. 核对实到人数

地陪接到旅游团后，应立即向领队、全陪或旅游团成员核对实到人数。如出现与计划不符的情况，应及时通知当地接待社的有关部门。

3. 集中清点行李

（1）核实实到人数之后，地陪应协助本团游客将行李集中放在临时指定位置（如比较僻静、安全的地方），提醒游客检查自己的行李是否完好无损。

（2）配备行李车的旅游团，地陪应与领队、全陪和行李员共同清点行李。核对行李件数无误后，移交给行李员，双方办好交接手续。

（3）若有行李未到或破损，导游人员应协助当事人到机场登记处或其他有关部门办理行李丢失或赔偿申报手续。

4. 集合登车

（1）地陪要提醒客人带齐随身携带的物品，然后引导游客前往乘车处。地陪举着导游旗走在队伍的最前面，全陪、领队断后。

（2）游客上车时，地陪要恭候在车门旁，帮助物品较多的客人顺利上车，尤其要对老弱游客给予特别的照顾。

（3）游客都上车后，地陪上车协助游客就座和放置行李。

（4）待游客到齐坐稳，清点人数后，请司机开车。清点人数时，要默数，切忌用手指指着人数。

（三）赴饭店途中服务

从机场（车站、码头）到下榻饭店的行车途中，地陪要做好如下几项工作。

1. 致欢迎辞

旅游车一启动，导游讲解正式开始。地陪首先要向旅游团致欢迎辞。致欢迎辞时，地陪应精神饱满，面带微笑，给客人以亲切、热情、可信之感。地陪一般采取面向游客的站立姿势（两腿稍稍分开，上身自然挺拔），位置应选在车厢前部靠近司机的地方，以方便全体游客都能看到自己，自己也能随时留意游客的反应。如果使用车载麦克风，注意麦克风不要挡住自己的嘴而要稍微有点倾斜。欢迎辞一般包括以下内容：

（1）代表所在接待旅行社、本人及司机欢迎客人的光临。

（2）介绍自己与司机。

（3）表示为大家提供诚挚服务的愿望，并希望大家予以合作与批评。

（4）提醒注意事项。

(5) 表达美好的祝愿。

欢迎辞的内容可以根据旅游团的性质及其成员的文化水平、职业、年龄及居住地等情况而有所不同。同时，导游人员也应逐渐形成自己的导游讲解风格，从而给游客留下更为深刻的印象。

补充材料2-1

欢迎辞示范

各位游客：

早上好！非常高兴顺利地接到大家。首先，请允许我代表××旅行社以及我的同事，热烈欢迎各位来到山东观光游览！

我们是初次见面，我是××旅行社的导游人员。我姓张，弓长张，单名一个洁字。大家可以叫我小张或张导。坐在前面，为我们驾车的司机师傅姓王，王师傅在去年全市优秀驾驶员评比中，荣获"优秀驾驶员"的称号。为了迎接各位的到来，王师傅把车内外刷洗干净，希望各位能保持下去，为我们的旅行创造一个清洁的环境。

在整个山东八日游的旅行中，都由我和王师傅陪伴大家。我们两个是地地道道的山东人，继承了祖辈豪爽、热情的性格，所以大家有什么困难，有什么不明白的地方，尽管跟我们讲。我们会在自己力所能及的范围内给大家予以帮助、解决。同时，也希望各位在旅游中和我们密切配合，有不足之处，多提意见、建议，这样我们可以更好地为大家服务。

在此，我和王师傅代表所有的山东老乡们欢迎大家到山东来旅游，并预祝各位旅途愉快。

2. 调整时间

接入境旅游团，首站的地陪在致完欢迎辞后，还要介绍时差，请游客将自己的表调到北京时间。

3. 首次沿途导游

首次沿途导游主要是向旅游团介绍当地的概况、沿途的风光以及下榻饭店的情况。

（1）介绍当地概况。当地概况的内容主要包括当地的历史沿革、行政区划、人口、气候、社会生活、文化传统、土特产品、旅游资源等。地陪在讲解当地概况时，应言简意赅，突出当地的特色，满足游客一睹为快的心理。

（2）沿途风光导游。在介绍当地概况的同时，应穿插进行沿途风光的导游讲解，例如讲解沿途经过的重要建筑物、街道等。地陪在做沿途风光导游时，要施展"眼疾嘴快"的本领，即语言节奏明快，讲解的内容与所见景物同步，见人说人，见物说物，但要取舍得当。总之，沿途导游贵在灵活，导游人员要反应敏锐、掌握时机。

（3）介绍下榻的饭店。地陪应向游客介绍所住饭店的基本情况，包括饭店的名称、位置、距机场（车站、码头）的距离、星级、规模、主要设施和设备及其使用方法、入住手续、住店的有关注意事项等。这部分内容，地陪可以根据路途距离和时间长短酌情删减，或抵达饭店后向游客介绍。

4. 宣布集合时间、地点

当旅游车驶至该团下榻的饭店时，地陪应在下车前向全体游客讲清并请其记住集合时间、地点及车牌号码。

三、入住服务

（一）协助办理住店手续

旅游团抵达饭店后，地陪要协助领队或全陪办理住店登记手续，请领队或全陪分发住房卡。地陪要掌握领队、全陪和团员的房间号，并将自己的联系方式告诉全陪和领队，以便有事时尽快联系。

（二）介绍饭店设施

地陪应向全团介绍饭店中西餐厅、娱乐场所、商店、公共洗手间等设施的位置，并讲清楚住店注意事项。如果饭店有外币兑换处，应向入境旅游团进行介绍。

（三）带领旅游团用好第一餐

游客进入房间之前，地陪要向其介绍饭店内的就餐形式、地点、时间以及餐饮的有关规定（如酒水是否需自付）。客人到餐厅用第一餐时，地陪应主动帮助客人找到用餐的桌次，并将全陪和领队介绍给餐厅经理或主管服务人员，告知旅游团的特殊要求。用餐过程中，地陪应巡视旅游团用餐情况。

（四）宣布当日或次日的活动安排

地陪应在游客进入房间之前向全团宣布当天和第二天活动的安排以及集合的时间、地点。

（五）照顾行李进房

地陪应确保客人带着自己的行李进入房间，如果是配备行李车的旅游团，待本团行李送达饭店后，地陪要核对行李件数，督促饭店行李员及时将行李送至游客的房间。

（六）处理店内问题

地陪要协助游客处理入住时遇到的问题，比如房间设备有故障；行李没有送到或者发错；房间没有打扫等。地陪应帮助游客将这些问题妥善解决后再离开。

（七）安排好叫早服务

地陪在结束当天活动离开饭店之前，应与领队、全陪商定第二天的叫早时间，并请领队告知全团。地陪将叫早时间通知饭店总服务台或楼层服务台。

四、核对、商定日程

在参观游览之前，地陪应与领队和全陪核对、商定本地活动日程，并及时通知每一位游客。商谈一般在公共场所（如饭店大厅）进行。通过核对、商定活动日程，一方面可以体现出对领队、全陪、游客的尊重；另一方面游客也有权审核活动计划；同时，地陪也可以利用商谈机会了解游客的兴趣与要求。因此，核对、商定本地活动日程是旅游团抵达后的一项重要工作，可视作导游人员间合作的开始。

在核对、商定日程时，对出现的不同情况，地陪要采取相应的措施。

（一）领队或全陪、游客提出小的修改意见或要求增加新的游览项目

地陪应及时向旅行社有关部门反映。对合理又可能满足的要求应尽量安排，需要加收费用的项目，地陪要事先向领队、全陪和游客讲明，按有关规定收取费用。对确有困难无法满足的要求，地陪应说明原因并耐心解释。

（二）领队或全陪、游客提出的要求与原日程不符且又涉及接待规格

一般应予婉言拒绝，并说明我方不便单方面不执行合同。如确有特殊理由，地陪必须请示旅行社有关部门，视情况而定。

（三）领队或全陪手中的旅行计划与地陪的接待计划有部分出入

地陪应及时报告接待社，查明原因，分清责任。若是接待社方面的责任，地陪应实事求是地说明情况，并赔礼道歉。如果责任不在接待方，地陪不应指责对方，请领队或全陪向游客做好解释工作。

五、参观游览服务

参观游览活动是旅游产品消费的主要内容，是游客期望的旅游活动的核心部分，也是导游服务工作的中心环节。参观游览过程中的地陪服务，应努力使旅游团游览全过程安全、顺利，使游客详细了解参观游览对象的特色、历史背景及其他游客感兴趣的问题。为此，地陪必须认真准备、精心安排、热情服务、生动讲解。

(一) 出发前的准备工作

出发前，地陪要准备好导游旗、导游证和必要的票据。地陪应提前 10 分钟到达集合地点，并督促司机做好各项准备工作，如检查车况、打扫车内的卫生等。提前到达不仅为了在时间上留有余地，以身作则遵守时间，应付紧急突发的事件，也是为了礼貌地招呼早到的游客，询问游客的意见和建议，同时有一些工作必须在出发前完成。

1. 提醒注意事项

地陪要向游客预报当日天气和游览点的地形、行走路线的长短等情况，必要时提醒游客带好衣服、雨具等。

2. 核实、清点实到人数

游客陆续到达后，地陪应招呼客人上车，然后清点人数。若发现有游客未到，地陪应向领队、全陪或其他游客问明原因，设法及时找到。若有的游客不随团活动，地陪要问清情况并妥善安排，必要时报告有关部门。当游客都到齐后，地陪才能示意司机开车。

(二) 途中导游（旅游团下榻的饭店至景点）

1. 重申当日活动安排

开车后，地陪要向游客重申当日活动安排，包括午、晚餐的时间和地点；向游客报告到达景点途中所需的时间；视情况介绍当日国内外重要新闻。

2. 沿途风光导游

在前往景点的途中，地陪要在相应时机向游客介绍本地的风土人情、自然景观，回答游客提出的问题。

3. 介绍游览景点

抵达景点前，地陪应向游客介绍该景点的简要情况，尤其是景点的历史价值和特色。讲解要简明扼要，目的是满足游客事先想了解有关知识的心理，激起其游览景点的欲望，同时也可以节省到目的地后的讲解时间。

4. 活跃气氛

在旅游途中，地陪可以通过讲笑话、做游戏、组织游客表演节目、与游客讨论感兴趣的话题等活动来活跃旅游团的气氛，调节客人的情绪。适时开展这些活动，能够使旅游活动更加充实，使枯燥的旅行变得轻松愉快，拉近导游人员与游客的心理距离。

(三) 景点导游、讲解

1. 交待游览注意事项

(1) 抵达景点时，下车前要告诉客人在该景点参观停留的时间、停车的地点和开车的时间，再次提醒游客记住车号、标志，保管好自己的贵重物品。

（2）在景点示意图前，地陪应向游客讲清楚游览的路线，重申参观时间，讲明集合的地点和时间。

（3）地陪还应向游客讲明游览参观过程中的有关注意事项，如提醒游客有些地方不允许拍照；在购买土特产品时要妥善处理与当地商家的关系等。

2. 购票进入景点

地陪应事先统计购票人数。因为在某些景区会出现下列情况：团队中有持导游证的客人；团队中有现役军人或持老年证的游客；团队中有在校大、中、小学生。有些景区景点对这些游客实行门票减免，所以，地陪可以利用这些优待措施，请客人出示相应证件，获得门票减免。

在团队检票进入景点时，地陪应与景点检票人员一起点数旅游团客人的数量，保证所有客人进入景点。

3. 景点内的导游讲解

（1）地陪带团参观游览。进入景点后，地陪应按照一定的游览路线引导游客参观景点并进行讲解。地陪应手举导游旗走在旅游队伍的前面，全陪和领队断后。讲解的内容要繁简适度，包括该景点的历史背景、特色、地位、价值等方面的内容。讲解的语言应生动，富有表达力。讲解的方法要有针对性，因人而异，因时间而异。在整个景点导游的过程中，地陪应保证在计划的时间与费用内，游客能充分地游览、观赏，做到讲解与引导游览相结合，集中与分散相结合，劳逸适度，并应特别关照需特殊照顾的游客。

（2）游客自由活动

如果游览时间充裕，地陪可以安排游客自由活动。在游客自由活动之前，地陪应告知集合的时间与地点，并提醒游客注意安全。

4. 留意游客的动向，防止游客走失

在景点导游过程中，要随时注意游客的动向，并观察周围的环境。地陪要和全陪、领队密切配合，并随时清点人数，防止游客走失和意外事件的发生。

（四）返程中的工作

1. 回顾当天活动

返程中，地陪应简单回顾当天参观游览的内容，必要时可以补充讲解，并回答游客的问询。

2. 沿途风光导游

如果旅游车不从原路返回饭店，地陪应做好沿途风光的导游讲解工作。如果返程走的是原路，导游人员可以在原有讲解的基础上再作补充介绍。

3. 宣布次日活动日程

返回饭店下车前,地陪要预报晚上或次日的活动日程、出发时间、集合地点等。提醒游客带好随身物品。地陪要先下车,照顾游客下车,再与他们告别。

六、其他服务

除参观游览活动外,丰富多彩的其他活动是旅游服务中必不可少的部分,是参观游览活动的继续和补充。地陪要努力为游客安排文明、健康的各类活动。

(一) 社交活动

1. 品尝风味

大多数游客在旅游期间都希望品尝具有地方特色的风味。游客品尝风味有两种形式,一种是计划内的,一种是计划外的。如果是计划内的,地陪应严格按照计划为游客安排,并给游客作相关的介绍。如果是计划外的,即游客自己提出自费品尝风味的要求,地陪应给予游客必要的帮助,如帮助游客订餐,介绍当地的风味名菜等。

2. 会见

地陪应协助安排游客会见、座谈等活动。若国外游客(主要是专业旅游团)会见中国方面的同行或负责人,必要时导游人员可充当翻译,若有翻译,导游人员则在一旁静听。地陪要事先了解会见时是否互赠礼品,礼品中是否有应税物品,若有应提醒有关方面办妥必要的手续。国外游客若要会见在中国的亲友,导游人员应协助安排,但在一般情况下无充当翻译的义务。

3. 舞会

旅游活动中的舞会有两种:有关单位组织的社交性舞会与游客自己购票参与的娱乐性舞会。对于前者,地陪一般应陪同前往,但没有陪舞的义务;对于后者,地陪可以代为购票,是否参加自便,但无陪同前往的义务。

(二) 文娱活动

安排游客观看计划内的文娱节目时,地陪必须陪同前往,并向游客简单介绍节目内容及其特点。到达剧场后,地陪应引导游客入座,介绍剧场设施、位置,解答游客的问题。在游客观看节目过程中,地陪要自始至终坚守岗位。在大型娱乐场所,地陪应主动与领队、全陪配合,提醒游客不要走散,并注意他们的动向和周围的环境。

(三) 购物服务

购物是旅游活动的一个组成部分,购买满意的当地商品,也是游客的一项需求。地陪应严格按照合同规定的时间和次数带领旅游团到旅游定点商店购物。避免导游人员擅自增加购物的次数、强迫游客购物等问题的出现。在游客购物时，地陪应向全团讲清停留时间及有关购物的注意事项，介绍本地商品特色，承担翻译工作，介绍商品托运手续等。如遇小贩强拉强卖时，地陪有责任提醒客人不要上当受骗，不能放任不管。对商店不按质论价、抛售伪劣商品、不提供标准服务时，地陪应向商店负责人反映，维护客人的利益。

（四）餐饮服务

到达餐厅用餐前，地陪应向游客讲清用餐所需的时间、用餐后集合的时间和地点。用餐时，地陪应引导游客进餐厅入座，介绍餐厅的有关设施、饭菜特色、酒水的类别等。用餐过程中，地陪要巡视旅游团用餐情况1~2次，解答游客在用餐中提出的问题，并监督、检查餐厅是否按标准提供服务并解决可能出现的问题。用餐后，地陪应严格按实际用餐人数、标准、饮用酒水数量，如实填写《餐饮费结算单》与餐厅结账。

七、送站服务

旅游团结束本地参观游览活动后，地陪应做好送站服务，使游客顺利、安全离站。

（一）送站前的准备工作

1. 核实交通票据

（1）旅游团离开本地的前一天，地陪应核实旅游团离站的交通票据，要核对团名、代号、人数、去向、航班（车次、船次）、起飞（开车、启航）时间等。时间要做到"四核实"：计划时间、时刻表时间、票面时间、问询时间四个时间的核实。如果航班（车次、船次）和时间有变更，应当问清内勤是否已通知下一站接待社，以免造成漏接。

（2）若旅游团乘飞机离境，地陪应提醒或协助领队提前72小时确认机票。

2. 商定出行李时间

（1）在核实确认了交通票据之后，如果有专门的行李车运送旅游团行李，地陪应先与旅行社行李部联系，了解旅行社行李员与饭店行李员交接行李的时间（或按旅行社规定的时间），然后与饭店行李部商定地陪、全陪、领队与饭店行李员四方交接行李的时间。

（2）与饭店行李员商定后，再与领队、全陪商定游客出行李的时间，然后再通知游客，并向其讲清有关行李托运的具体规定和注意事项。

3. 商定集合、出发的时间

一般由地陪与司机商定出发时间（因司机比较了解路况），但为了安排得更合理，还应及时与领队、全陪商议，确定后应及时通知游客。

4. 商定叫早和早餐时间

地陪应与领队、全陪商定叫早和用早餐时间，并通知饭店有关部门和游客。如果该团是乘早航班或早班火车，需改变用餐时间、地点和方式，地陪应及时作有关安排。

5. 协助饭店结清与游客有关的账目

为了在出发前能让游客顺利离开饭店前往机场（车站、码头），地陪应做到：

（1）及时提醒、督促游客尽早与饭店结清与其有关的账目，如洗衣费、饮料费等；若有游客损坏了客房设备，地陪要协助饭店妥善处理赔偿事宜。

（2）及时通知饭店有关部门该团的离店时间，提醒其及时与游客结清账目。

6. 及时归还证件

一般情况下，地陪不应保管游客的旅行证件，用完后应立即归还游客或领队。在离站前一天，地陪要检查自己的物品，看是否保留有游客的证件、票据等，若有应立即归还，当面点清。

（二）离店服务

1. 集中交运行李

如果旅游团配备行李车，离开饭店前，地陪要按照商定好的时间与饭店行李员办好行李交接手续。游客的行李集中后，地陪应与领队、全陪共同确认托运行李的件数，检查行李是否上锁，捆扎是否牢固，有无破损等，然后交付饭店行李员，填写行李运送卡。行李件数一定要当着行李员的面点清，同时告知领队和全陪。

2. 办理退房手续

旅游团离开饭店前，无特殊原因，地陪应按饭店规定的时间办理退房手续（或通知有关人员办理）。

3. 集合登车

（1）出发前，地陪应询问游客与饭店的账目是否结清，提醒游客检查有无遗落物品，收齐游客房间钥匙交回饭店总服务台。

（2）集合游客上车。等游客放好随身行李入座后，地陪要仔细清点实到人数。全体到齐后，提醒游客再检查清点一下随身携带的物品，如无遗漏则请司机开车离开饭店。

（三）送行服务

1. 致欢送辞

在去机场（车站、码头）的途中，导游人员应向全体游客致欢送辞。致欢送辞时，语气要真挚、富有感情。欢送辞的内容包括：

① 回顾旅游活动，感谢大家的合作。
② 表达友谊和惜别之情。
③ 诚恳征求游客对接待工作的意见和建议。
④ 若旅游活动中有不顺利或旅游服务有不尽如人意之处，导游人员可借此机会再次向游客赔礼道歉。
⑤ 表达美好的祝愿，欢迎游客再次到来。

> **补充材料2-2**
>
> **欢送辞示范**
>
> 各位游客：
>
> 早上好！现在我们的旅游车要送大家去机场。从这儿到机场要行驶40～50分钟，飞机起飞的时间是7：30。今天是大家回家的日子，也是我们即将分别的日子，虽然我们在一起相处的时间只有八天，但是我觉得非常开心，工作也顺利地进行下来，在此，我和司机师傅对大家给予我们工作上的支持理解表示深深感谢，如果有什么不周到的地方，也希望各位谅解。
>
> 这次旅游活动的顺利进行，离不开领队和全陪的支持与配合，特别是全陪林小姐自始至终陪伴大家，默默工作。在此我对全陪、领队密切配合的工作态度，表示谢意。同时，也祝愿所有的人在以后的日子里工作顺利，生活幸福，回到家中也请您转达给您们的家人。接下来，我把所有美好的祝愿汇集成一首歌"友谊之光"献给大家。期待我们下一次的重逢。
>
> 祝各位一路平安！

2．提前到达机场（车站、码头），照顾游客下车

地陪带团到达机场（车站、码头）必须留出充裕的时间。具体要求是：出境航班提前3小时或按航空公司规定的时间，国内航班提前2小时，乘火车、轮船提前1小时。

旅游车到达机场（车站、码头）后，下车前，地陪应提醒游客带齐随身的行李物品，照顾全团游客下车后，要再检查一下车内有无游客遗漏的物品。

3．办理离站手续

地陪如果有提前取好的交通票据，应清点无误后交给全陪（无全陪的交给领队），请其清点核实。地陪如果没有提前取好的交通票据，可协助游客持有效证件办理取票等手续。地陪应提醒游客清点行李，并协助办理行李托运事宜。对于出境旅游团，地陪还应向领队或游客介绍办理出境手续的程序。等旅游团过安检口进入隔离区后，地陪方可离开。

4．与司机结账

送走旅游团后，地陪应与司机结账，在用车单据上签字，并要保留好单据。

八、后续工作

(一) 处理遗留问题

下团后,地陪应妥善、认真处理好旅游团的遗留问题,按有关规定办理游客临行前托办的事宜,必要时请示领导后再办理。

(二) 结账

按旅行社的具体要求并在规定的时间内,填写清楚有关接待和财务结算表格,连同保留的各种单据、接待计划、活动日程表等按规定上交有关人员,并到财务部门结清账目。

(三) 总结工作

认真做好陪团小结,实事求是地汇报接团情况。涉及游客的意见和建议,力求引用原话,并注明游客的身份。旅游中若发生事故,要整理成文字材料向接待社和组团社汇报。地陪陪同小结主要包括以下内容:

(1) 旅游团名称、人数、团员姓名、抵离时间、全陪和领队姓名、下榻饭店名称。
(2) 旅游团成员的特点、表现、主要反映及意见。
(3) 接待工作中的问题,包括成功经验与失败教训的总结认识和与旅行社其他部门配合中存在的不足。
(4) 报告人的姓名及日期。

第二节 全程陪同导游人员服务程序与规范

全程陪同导游人员,简称全陪,是指受组团旅行社委派,作为组团社的代表,在领队和地方陪同导游人员的配合下实施接待计划,为旅游团(者)提供全旅程陪同服务的导游人员。全陪作为组团社的代表,负责保证旅游团的整个旅游计划的贯彻落实。全陪应自始至终参与旅游团全旅程的活动,负责旅游团移动中各环节的衔接,监督接待计划的实施,协调领队、地陪、司机等各方面旅游接待人员的关系,保障游客旅行的顺畅与安全。

一、服务准备

全陪与游客相处的时间长、接触多,加上旅途中有许多不可预测的因素,决定了全陪工作的复杂性,因此,细致、周密的准备工作是做好全陪服务的前提。

（一）熟悉接待计划

旅行社下达给全陪的接待计划包含了旅游团在各个旅游目的地的行程安排，接待计划的内容比较复杂。因此，上团前，全陪要认真查阅接待计划及相关资料，了解所接旅游团的全面情况。

（1）记住旅游团的名称、团号、国别、人数和领队姓名。

（2）了解旅游团成员的民族、职业、姓名、年龄、宗教信仰、生活习惯等；了解团内较有影响的成员、特殊照顾对象和知名人士的情况。

（3）掌握旅游团的行程计划，包括抵离旅游线路各站的时间、所乘交通工具的航班（车、船）次。

（4）熟悉全程中各站的主要参观游览项目，根据旅游团的特点和要求，准备好讲解和咨询解答内容。

（5）了解旅游团接待标准、各地住房标准、用餐标准和礼遇规格。

（6）掌握各地接待旅行社和其他重要单位的地址、电话号码，以便联系。

（二）心理准备

全陪与地陪相比，要有更充分的心理准备。因为全陪的流动性更大，与游客相处的时间更长，要求全陪不仅能吃苦，还要适应各地的水土和饮食，妥善处理与游客的关系。

（三）物质准备

上团前，全陪要做好必要的物质准备，携带必备的证件和有关资料，包括本人身份证、导游证、该团接待计划、日程表、旅游宣传品、《全陪日志》、拨款结算单、一定数量的现金等。

（四）接待社联络

接团的前一天，全陪应同接待社取得联系，互通情况，妥善安排好相关事宜。

（五）知识准备

了解客人的风俗习惯和兴趣爱好；熟悉旅游团途经各城市和旅游点的情况；准备好活跃旅途气氛的节目和话题。

二、首站接团服务

在首站接团服务中，全陪要使旅游团抵达后能立即得到热情友好的接待，让游客有宾至如归的感觉。如果全陪就是首站地陪，则首站接团服务与地陪接站服务程序相同。

如果组团社在首站安排了地接社，则全陪应做好以下几项工作：

（1）接团前，全陪应向接待社了解首站接待工作的详细安排情况。

（2）全陪应提前半小时到接站地点与地陪一起迎候旅游团。全陪要帮助地陪尽快找到旅游团。

（3）与领队和全团见面后，应向领队作自我介绍并立即与领队核实实到人数、行李件数、住房等方面的情况。

（4）协助领队向地陪交接行李。

（5）致欢迎辞。全陪应代表组团社和个人向旅游团致欢迎辞。欢迎辞的内容包括：对旅游团的到来表示欢迎；自我介绍（同时应将地陪介绍给全团）；表示为游客提供服务的真诚愿望；预祝客人旅行顺利愉快等。

三、进住饭店服务

全陪应使旅游团进入饭店后，尽快完成住宿登记手续，进住客房并取得行李。

（1）主动协助领队办理旅游团的住店手续，请领队分配住房，但全陪要掌握住房名单，并与领队互通各自房号以便联系。

（2）热情引导游客进入房间，如地陪不住饭店，全陪要负起照顾好旅游团的责任，随时处理可能出现的问题。

（3）掌握饭店总服务台的电话号码和与地陪联系的方法。

四、核对、商定旅游活动日程

全陪应认真与领队、地陪核对、商定旅游活动日程，如遇难以解决的问题，应及时反馈组团社，使领队、地陪得到及时的答复。

五、各站服务

全陪应使接待计划得以全面顺利实施，各站之间有机衔接，各项服务到位，保护好游客的人身及财产安全，及时有效地处理各种突发事件，努力使旅行充实、轻松、愉快。

（一）联络工作

全陪应做好旅游线路中各站间的联络工作，及时向地陪通报旅游团的情况（如领队的意见、游客的要求等），并积极协助地陪工作。

（二）监督各地旅游接待计划执行情况

全陪应认真监督各地服务质量，检查是否按标准提供服务。若活动安排与上几站有明显重复，应建议地陪做必要调整。若对当地接待工作有意见和建议，要诚恳地向地陪提出，必要时向组团社报告。

（三）保护游客的安全，预防和处理各种问题和事故

（1）游览活动中，全陪要注意观察周围的环境，留意游客的动向，协助地陪圆满完成导游讲解任务，避免游客走失或发生意外。

（2）提醒游客注意人身和财物安全。如突发意外事故，应依靠地方领导妥善进行处理。游客重病住院、发生重大伤亡事故、发生失窃案件等时，要迅速向组团社汇报请示。

六、离站服务

在旅游团离开各地之前，全陪应做好如下工作：

（一）提醒地陪落实离站的交通票据及离站的准确时间

全陪应提前提醒地陪落实离站的交通票据，清点票数，并核实离站的准确时间和地点。

（二）协助领队和地陪办理离站事宜

向游客讲清航空、铁路、水路有关托运或携带行李的规定。协助领队、地陪清点旅游团的行李。

（三）做好结算工作

全陪应按规定与地陪做好费用结算，同时提醒游客结清与饭店有关的账目。

（四）妥善保管票证

到达机场（车站、码头）后，应与地陪交接交通票据、行李卡或行李托运单。交接时，一定要点清、核准并妥善保存，以便到达下站后顺利出站。

（五）做好告别工作

全陪离站前，要与地陪、司机话别，对他们的工作表示感谢。

七、途中服务

陪同旅游团乘坐站与站之间的交通工具是全陪工作的重点，也是全陪工作与地陪工作的明显不同之处，全陪应尽力做好途中的各项工作。

（1）乘坐交通工具时，全陪应协助领队分配座位或铺位。若无领队陪同，则此项工作由全陪负责。分配铺位时，应优先照顾老、弱、病、残等特殊游客；全陪将自己的座位安排在最前排或最后排并靠近通道的位置，以便工作。

（2）全陪应向旅游团介绍交通工具及其内部设施、途中距离、所需的时间等。

（3）旅行途中，全陪要作必要的导游讲解，如讲解沿途的风光、介绍下一站旅游目的地的概况等。全陪要照顾好游客的生活，长途旅行时，应尽可能组织文娱活动以活跃旅游团的气氛，与游客普遍接触，进行更多的感情上的交流。

（4）全陪应提醒游客注意人身和财物安全。

（5）到站时，全陪应提前30分钟提醒客人做好准备，清点各自携带的物品。与领队分工，一人领先，一人断后离开交通工具。

（6）脱离交通工具后，全陪应尽快与地陪接头，介绍领队给地陪，向地陪介绍该团基本情况。

八、末站服务

末站服务是全陪服务中的最后环节。全陪要使旅游团顺利离开末站，并给旅游团留下良好的印象。

（1）当旅行结束时，全陪要提醒游客带好自己的物品和证件。

（2）主动征求游客对整个接待工作的意见和建议。

（3）致欢送辞。向出境旅游团致欢送辞时，可安排在赴机场（车站、码头）途中进行；向国内旅游团致欢送辞时，应当在返回当地后团队解散前进行。欢送辞的内容包括回顾整个旅游活动、感谢游客与领队的支持、表达惜别之情与美好祝愿等内容。如果与地陪一起欢送旅游团，应请地陪先致欢送辞，全陪最后致欢送辞，并对地陪的工作表示感谢。

九、后续工作

（一）处理遗留问题

旅游团离开后，全陪应认真处理好旅游团遗留问题，提供可能的延伸服务。如有重大情况，要向旅行社进行专题汇报。

（二）填写《全陪日志》

《全陪日志》（表2-1）的内容包括：旅游团的基本情况；旅游日程安排及飞机、火车、航运交通情况；各地接待质量（包括游客对食、住、行、游、购、娱各方面的满意程度）；发生的问题及处理经过；游客的反映及改进意见。

表 2-1　全陪日志

单位/部门			团号	
全陪姓名			组团社	
领队姓名			国籍	
接待时间			人数	
途经城市	年 月 日至	年 月 日		（含　岁儿童　名）
团内重要客人、特别情况及要求				
领队或游客的意见、建议和对旅游接待工作的评价				
该团发生问题和处理情况（意外事件、游客投诉、追加费用等）				
全陪意见和建议				
全陪对全过程服务的评价： 合格　　　不合格				
行程状况	顺利	较顺利	一般	不顺利
客户评价	满意	较满意	一般	不满意
服务质量	优秀	良好	一般	比较差
全陪签字		部门经理签字		质管部门签字
日期		日期		日期

（三）财务结算与归还所借物品

全陪回到所在地后，应尽快按财务规定，结算该团账目，并归还所借物品。

第三节　出境旅游领队服务程序与规范

出境旅游领队，简称领队。是指依法取得从业资格，受组团社委派，全权代表组团社带领旅游团出境旅游，监督境外接待旅行社和导游人员等执行旅游计划，并为游客提供出入境等相关服务的人员。领队起着沟通旅游团与境外接待方旅行社、游客和旅游目的地国家（或地区）导游人员之间关系的桥梁作用。领队的主要任务是：维护旅游团成员间的团结；监督接待方旅行社全面执行旅游合同规定的情况；协助各地导游人员落实旅游团食、住、行、游、购、娱等各项服务；维护旅游团成员的正当权益；负责处理旅游团在境外所遇到的各种紧急事宜，保证旅游团在境外旅游安全和顺利。领队应按照以下服务程序与规范做好本职工作。

一、服务准备

(一) 业务准备

1. 研究旅游团成员的情况

领队要负责陪同游客由居住地出发到旅游目的地,结束在旅游目的地的活动后,再同游客一起返回到居住地。在整个出境旅游过程中,领队要与游客朝夕相处。与全陪和地陪相比,领队与游客相处的时间更长。因此,领队应认真研究旅游团成员的情况,以便于为游客提供良好的服务。为此,领队要掌握旅游团成员的姓名、性别、年龄、职业、旅游团中的重点游客、需特别照顾的对象以及旅游团的特殊要求。

2. 熟悉旅游团的整个行程安排

领队应查看旅游团的具体行程和安排;掌握团队报价情况;掌握接待社联系资料,包括社名、联系电话、联系人,特别是全陪和首站地陪的有关情况。

3. 核对各种票证

领队应进行旅行所需证件与机票核对,包括中英文姓名、前往国家或地区;机票与行程核对,包括国际段和国内段行程、日期、航班、间隔时间等。

(二) 知识准备

领队应了解旅游目的地国家或地区的概况和各旅游景点;熟悉各国出入境管理制度和法律制度。

(三) 物质准备

(1) 准备好相关票据、证件和各种表格(如《中国公民出国旅游团队名单表》、境外住房分配名单)。

(2) 准备好团队费用。

(3) 准备好社旗、社牌、胸牌、行李标签、游客意见调查表等。

(4) 准备好重要联系单位的电话号码、名片等。

(5) 准备好日用品,如闹钟、计算器、签字笔等。

(6) 准备好常用药品等。

(四) 召开出境旅游说明会

在旅游团出发前,领队应召集旅游团的游客开一次"出境旅游说明会"。举行说明会的目的一是提供机会让领队与游客、同团游客之间相互认识;二是领队要将有关事项告知每一位客人,还要落实一些具体事项。召开的时间通常安排在出境前1~2天。地点一般在旅行社，有时也在客人较集中的单位召开。出境旅游说明会主要包括以下内容。

1. 致欢迎辞

领队应作自我介绍，表明为大家服务的诚挚愿望，希望游客配合、监督，并预祝旅游顺利成功。

2. 旅游行程说明

领队应按行程表作逐一介绍，包括介绍行程中的主要景点和城市间转移的时间安排；强调表上的游览顺序可能变化，也要说明哪些活动属自费项目；向游客说明出境、入境手续如何办理；通知客人集合的时间和地点等。

3. 介绍旅游目的地的基本情况

领队应向游客介绍旅游线路中的景点、风土人情和接待条件等情况，这些介绍可以结合放映电影、幻灯片、录像或发放资料进行。

4. 提醒注意事项

（1）提醒游客准备好必需的生活用品，如洗漱用品、衣物、常用药物、电水壶、转换插座等。

（2）提醒游客在境外注意安全，游客在境外要注意保管好自己的财物。

（3）告知游客有关目的地的法律及海关规定，以及各地的禁忌、气候特点和饮食习惯。

（4）要求游客注意统一活动，强化时间观念。

5. 卫生检疫

通常在开说明会时，由旅行社联系检疫人员来打防疫针并发给黄皮书，也可在出境时购买必备药物并领取黄皮书。

补充材料2-3

《国际预防接种证书》俗称黄皮书，是各国卫生组织为防止严重传染病通过出入境传播而要求入境人员提供的预防接种证明。各国卫生检疫人员有权拒绝未携带《国际预防接种证书》的人员入出境或采取强制检疫措施。

6. 落实事项

准备多份境外住房分配名单，并确认是否有加床、不占床或需要单间房的情况；落实是否有单项服务等方面的特殊要求；落实游客在餐饮方面的特殊要求。

三、全程陪同

（一）办理出境手续

领队应提前到达集合地点并准时集合、清点旅游团人数。及时发放旅游证件、签证、机票等旅行文件。领队要提醒游客提前做好申报准备，申报物品不要放在托运的行李内，要让海关人员检查实物。请客人换取登机牌，同时办理行李托运手续。带领游客按出境名单顺序排队，站在黄线外，手持出境证件和登机牌依次接受边防检查和安全检查。待团队全部通过安检后，将客人领到候机室候机，并根据航空公司安排登机。

（二）办理旅游目的地入境手续

领队应预先填妥入境卡和行李申报单，准备好有关证件。带领旅游团办理好证件查验、海关检查和卫生检疫等入境手续。

（三）境外旅游服务

1. 与境外接待社导游人员接洽

抵达目的地后，领队应立即与当地接待社的导游人员接洽，清点行李与团员人数。

2. 安排团队入住饭店

（1）负责办理入住手续并分配房间。

（2）引导游客进入房间，并告知在饭店居住期间应注意的事项。

（3）检查行李是否送到客人房间。

（4）协助团员解决入住后的有关问题。

3. 与当地导游人员商定日程

（1）遇有当地导游人员修改日程时，应坚持"调整顺序可以，减少项目不行"的原则，必要时报告组团社；

（2）当地导游人员推荐自费项目时，要征求全体旅游团成员的意见。

4. 监督当地旅行社旅游计划实施情况

领队应监督当地旅行社旅游接待计划的实施情况，及时反映游客的意见和要求。

5. 与导游人员密切配合

在境外游览过程中，领队应与全陪、地陪密切配合，留意游客的动向，防止各种事故的发生。妥善处理各种事故和问题，消除不良影响。

6. 餐饮服务

领队应将游客的用餐要求、用餐习惯及时告知当地接待旅行社，同时，领队也应向游客介绍当地的饮食习惯。领队还应对沿途用餐进行监督，了解是否符合预订的标准，若有不符，要及时向当地导游人员反映，要求改正。

7. 指导购物

购物时，领队要提醒游客注意商品质量和价格，谨防假货或以次充好。出现当地导游人员过多地安排购物次数或延长购物时间的情况，领队要及时交涉。同时，要提醒游客索取购物发票和退税证明。

8. 团结工作

领队作为旅游团队的领导者和代言人,应维护好旅游团内部的团结,协调好游客之间的关系,妥善处理各种问题与矛盾。

9. 保管证件和机票

在旅游途中,领队最好将客人的证件、签证集中保管,并且要保管好全团机票和入境卡、海关申报卡等。

(四) 办理旅游目的地离境手续

1. 落实票证

在即将结束旅游目的地的活动时,领队应与全陪、地陪一起落实旅游团出境的票证,如机票、车票、船票等。

2. 向合作者告别

临别前,领队要代表旅行社和全体团员向接待方旅行社的导游人员(全陪、地陪)致谢。

3. 行李托运

将游客的行李收集起来,在机场办理托运手续,并提醒游客保管好行李牌。

4. 换取登机牌

拿到登机牌时,领队应提醒游客核对自己的名字,看清自己的登机牌号码和自己的座位号。

5. 通过海关

通过海关前,领队应通知游客航班号、登机门、登机时间,提醒大家在约定时间前到达。通过海关时,游客应手持证件、出境卡和登机牌,排队按顺序审核出关。

(五) 办理入境手续

领队将名单表交边检官审验盖章,游客依次排队顺序审检入关;未上名单表的游客则自行持护照入关。

四、结束工作

(一) 带旅游团安全返回

旅游团返回后,要请游客清点行李物品并填写出境旅游团游客问卷表。致欢送辞,对旅游团队圆满完成全部行程表示祝贺，对客人的支持和合作表示感谢。

（二）处理遗留问题

领队应协助旅行社领导处理可能出现的投诉问题；妥善处理游客的委托事务；与旅行社结清账目，归还物品。

（三）写好领队日志

领队日志的内容主要包括下述几点：
（1）游客的状况、表现、意见、建议以及对旅游活动的反映。
（2）接待方的饭店、交通、餐饮、娱乐场所等旅游设施状况以及接待水准。
（3）接待方全陪和各地导游人员的知识水平、导游服务技能、处理问题的能力和服务态度。
（4）接待方旅行社落实旅游接待计划的状况以及存在的主要问题。
（5）与接待方导游人员之间的合作状况以及存在的主要问题。
（6）旅游过程中出现的问题或事故的原因、处理经过和结果、游客的反映等。
（7）带团中的成功经验和失败教训。

第四节　景区导游人员服务程序与规范

景区导游人员，也被称为讲解员、解说员、定点导游人员，是指在旅游景区，如博物馆、自然保护区、旅游区、纪念馆、名人故居等为游客进行导游讲解的工作人员。虽然，景区导游服务的内容比较简单，一般只有向导、讲解等内容，但导游人员也应注意服务的程序与规范。导游人员应通过其讲解，使游客对该景区的全貌和主要特色有较为全面的了解，并增进游客对保护文物、环境、生态系统的认识。

一、服务准备

（一）熟悉旅游团的基本情况

在接待前，导游人员应了解旅游团的人数、年龄、职业、身份、要求等情况。

（二）知识准备

导游人员应深入系统地掌握景区的背景知识及特色；熟悉景区的参观规定；掌握必要的环境和文物保护知识以及安全知识；熟练掌握各种讲解技巧，导游人员应根据游客的文化水平、知识结构、游览时间的差异随时调整自己的讲解内容和讲解风格，提高讲解的针对性和有效性。

（三）物质准备

准备好导游图册或有关资料、导游讲解的工具或器材。

（四）形象准备

导游人员应按规定着装，佩戴导游证，言行举止表现出良好的气质与修养。

二、接待服务

（一）迎接旅游团

景区导游人员一般在景区大门迎接旅游团。见到团队后，应通过观察或向随团导游询问，从而了解旅游团的基本情况和要求。然后，将客人集中起来，正式开始景区导游工作。

（二）致欢迎辞

欢迎辞的内容包括：向游客问好；自我介绍；表达为游客提供热情服务的愿望；祝游客游览成功。

（三）导游讲解

首先，在景区的游览示意图前，向游客介绍景区开设的背景和时间、基本概况、景区的布局、游览线路、所需时间、游览注意事项等。然后，导游人员带领游客按参观游览的路线进行分段讲解。讲解时，语速要适中，口齿要清楚，语音语调要生动自然。在整个导游讲解的过程中，应注意游客的动向与安全。

三、送别服务

（一）致欢送辞

当参观游览活动结束时，景区导游人员应向游客致欢送辞。欢送辞的内容包括：对所游览的景区进行小结；感谢游客对导游工作的支持与配合；诚恳征求游客对自己工作的意见和建议；欢迎客人下次光临，祝客人一路平安。

（二）填写接待记录

将旅游团送走后，导游人员应按照本景区管理部门的要求，认真填写接待记录，并做好信息反馈工作。

典型案例

案例一 落实接待计划的重要性

案例介绍：

小王从事导游工作很多年，有丰富的带团经验。这次旅行团的接团计划书上，客人下榻的饭店是本市的五星级A饭店。当游客下飞机后，小王便直接带着游客来到A饭店入住。可是，当她来到前台取房卡时，工作人员称，小王所在的旅行社并没有在这里订房。小王马上把电话打到旅行社计调部，经证实，由于变更了计划，饭店改到了另一家五星级饭店。小王此时只能请大家再登上旅游车，前往另一家饭店入住。可是，当客人进入这家饭店大堂时，几乎所有的人都拒绝入住。因为，虽然同为五星级，可这里的环境和地理位置等诸多因素与刚刚去过的A饭店相差甚远。无奈，小王向旅行社经理求助，经理来后，亲自向领队解释并道歉。最后，客人才勉强同意入住。

案例分析：

地陪导游人员在带团过程中，最重要的一个环节就是要认真落实各项接待事宜，尤其是与游客密切相关的餐、车、房等问题。小王认为经验丰富，不需要再进行确认，就因为这一点点的疏忽，为旅行社造成了非常严重的影响，使旅行社在经济上有所损失，而且也使小王自己在游客心中的形象大打折扣。所以，认真阅读接团计划书并且做确认工作是十分重要的。

案例二 规范掌握导游服务程序，妥善处理游客个别要求

案例介绍：

地陪小张和全陪小李带领山东的某旅游团于晚上6点到达要入住的饭店，小张和小李一起为游客办理了住宿登记手续。小张为游客分发了房卡，游客陆续进入了自己的房间。按照接待计划，旅游团接下来要在饭店用晚餐。但小张看到客人已入住客房，就急匆匆地要离开饭店。这时，一位游客赶到大堂，请小张为他在当地的亲属办理随团活动的手续，小张想了想说："今天时间晚了，有什么事明天再说吧。"

案例中，地陪小张有哪些工作不妥或不规范的地方？小张应如何处理游客提出的亲属随团活动的要求？

案例分析：

依据地陪团队服务程序与规范，地陪小张不应分配房卡，房卡应由全陪分发；小张应向客人介绍饭店设施，并告诉客人在饭店用餐的时间和地点，并带领客人用在饭店的第一餐；小张应留下足够的时间处理游客进入房间后可能出现的问题，妥善处理好问题后，才能离开饭店。

对于游客提出的亲属随团活动的要求，小张不应采取推诿的态度。小张首先要看车上是否有空位；了解客人亲属的身份情况，并征得全陪和旅游团其他成员的同意；请游客的亲属办理入团手续，包括出示有效证件、填写表格、交纳费用等。如果时间太晚当天办不了，要告知客人办理的时间；游客亲属参加旅游团后，小张应提供热情周到的服务。

本章小结

地陪接待旅行社的委派，按照旅游接待计划，安排游客在当地的饮食起居，并负责旅游团在当地游览期间的导游讲解工作。地陪导游服务的程序包括服务准备、迎接工作、入住服务、核对商定日程、参观游览服务、其他服务、送站服务、后续工作八个步骤。全陪作为组团社的代表，负责保证旅游团的整个旅游计划的贯彻落实。全陪应自始至终参与旅游团全旅程的活动，负责旅游团移动中各环节的衔接，监督接待计划的实施，协调领队、地陪、司机等各方面旅游接待人员的关系，保障游客旅行的顺畅与安全。领队要全权代表旅行社带领旅游团从事出境旅游活动。领队既是旅游团队雇佣的导游服务人员，也是旅游团的代言人和领导者。景区导游人员工作的内容比较简单，一般仅限于在某一景区景点为旅游团提供向导、讲解等服务。

复习思考题

1. 地陪在接团前应做好哪些准备工作？
2. 接站时，地陪怎样认找旅游团？
3. 旅游团入住饭店时，地陪应做好哪些工作？
4. 地陪带团参观游览景点时应做好哪些工作？
5. 地陪在送站服务中应做好哪些工作？
6. 全陪导游服务的程序包括哪些方面？
7. 全陪陪同旅游团乘坐交通工具前往下一旅游目的地的途中应做好哪些工作？
8. 领队服务准备工作包括哪几个方面？
9. 出境旅游说明会包括哪些内容？
10. 景区导游服务的程序包括哪些方面？

实训题

1. 假设你是某旅行社的地陪导游人员，将要接待一个大学生旅游团，请撰写欢迎辞和欢送辞，并进行模拟讲解。
2. 以学校作为参观游览的景点，按照导游服务的程序与规范进行带团参观游览景点的模拟练习。

第三章 散客导游服务

学习目标

① 了解散客旅游与团队旅游的区别。
② 掌握散客旅游的基本概念、类型和特点。
③ 熟悉办理散客的各项委托代办业务。
④ 掌握散客旅游服务中的接站服务、导游服务和送站服务的服务程序和服务质量要求。

第一节 散客旅游概述

20世纪80年代以来，世界旅游市场出现了"散客化"的旅游潮，欧美各主要旅游接待国的散客市场份额达到70%～80%，有的甚至高达90%，经营接待散客旅游的能力已成为衡量一个国家或地区旅游业成熟度的重要标志。随着经济、社会的不断发展，世界范围内旅游业呈现出大众化、全域化、散客化的趋势，旅游市场需求多样化，中国开启"全民＋全域"休闲度假模式，散客时代到来了。散客旅游是旅游业发展不可避免的新趋势，体现出游客出游的自主性和个性化。

一、散客旅游概念和特点

（一）散客旅游的概念

散客旅游是相对于团队旅游而言的，又称自助或半自助旅游、个别旅游，是按照旅游活动的组织方式所进行的划分。散客旅游是由游客自行安排旅游行程，零星现付各项旅游服务费用的旅游方式。

散客通常被称为 FIT（Foreign Independent Tourist），是去异地独立旅游者，是根据自己的意志自行组织安排旅游活动的自主旅游者。散客旅游并不意味全部旅游事务都由游客自己办理而完全不依靠旅行社。实际上，不少散客的旅游活动均借助了旅行社或旅游平台的帮助，如出游前的咨询、饭店客房的代订、景区门票的代订、委托旅行社人员接送、参加旅行社组织的菜单式旅游等。散客旅游并不意味着只是单个游客，它既可以是单个游客，也可以是一个家庭或几个亲朋好友，还可以是临时组织起来的散客旅游团，一般人数在9人以下，称为小散团。

（二）散客旅游特点

1. 形式灵活，选择性强，自由尺度大

散客旅游一般是由游客自行计划和安排其旅游行程，自由度大，形式灵活，选择性强。散客旅游计划随机性很大，出游天数、活动内容、旅游目的地依性而行；团队旅游的行程则是由旅行社或其他旅游服务中介机构来计划和安排，旅游团队的食、住、行、游、购、娱活动受到限制。

2. 批次多，批量少

旅游团队一般是由10人以上的游客组成。我国规定散客包价旅游人数在9人（含9人）以下，团队包价旅游人数必须在10人以上。散客旅游以人数少为特点，一般为一个人或几个人组成。可以是单个的游客也可以是一个家庭，还可以是几个好友或几个家庭组成。由于散客旅游的迅速发展，选择散客旅游的人数大大超过了团队游客的人数，散客旅游批次也较多。有时散客多次要求旅行社提供服务，更增加了旅行社的工作量。

3. 档次高，要求多

一些散客在旅游过程中有交际应酬及商务、公务活动的要求，不仅消费水平较高，而且对服务的要求也比较多，质量要求较高。

4. 零星现付，价格高

散客旅游的付款方式有时是零星现付，即购买什么，购买多少，按零售价格当场现付。而旅游团队是通过旅行社或旅游服务中介机构，采取支付综合包价的形式，即全部或部分旅游服务费用由游客在出游前一次性支付。

由于团体旅游的人数多，购买量大，在价格上有一定的优惠。而散客旅游则是零星购买，所以，散客旅游服务项目的价格比团队旅游服务项目的价格就相对贵一些。另外，每个服务项目散客都按零售价格支付，而团队旅游在某些服务项目（如机票、住房）上可以享受折扣或优惠，因而相对较为便宜。

二、散客旅游产品的类型

散客旅游产品的类型主要包括单项委托服务、旅游咨询服务、选择性旅游服务。

（一）单项委托服务

单项委托服务是指旅行社为散客提供的各种按单项计价的可供选择的服务。旅行社为散客提供的单项委托服务主要有：抵离接送；行李提取、保管和托运；代订飞机票、火车票、船票和饭店；代租汽车；代办出入境、过境临时居住和旅游签证；代向海关办理申报检验手续；代办国内旅游委托，提供导游服务等。

单项委托服务分为受理散客来本地旅游的委托、办理散客赴外地旅游的委托和受理散客在本地的各种单项服务委托。旅行社向散客提供的单项委托服务是通过各大饭店、机场、车站、码头设立的门市柜台、社内散客部门或各类旅游网络平台等进行的。特别是网络的发展，助推散客旅游的迅速发展，也成为散客购买旅游产品的主要渠道。

随着散客旅游业务的广泛、深入开展，所涉及的单项委托服务范围不断扩大，客人对服务质量的要求也变得更高，单项委托服务变得越来越丰富，这是适应旅游多样化的结果。各旅游接待单位也在不断研究市场需求，并有针对性地开发新的服务项目，以满足不同游客的需要，如为游客提供自驾车车辆租赁服务、高尔夫服务等。

（二）旅游咨询服务

旅游咨询服务是旅行社散客部门或门市接待人员向游客提供各种与旅游有关的信息和建议的服务。它是旅游服务中不可缺少的组成部分，但并不向游客收取费用。旅游咨询服务是打开游客市场的一把金钥匙，旅行社可以通过提供咨询服务，让游客了解旅游产品，引导游客购买本企业的产品，从而达到扩大产品销售和增加经营收入的目的。旅游建议则是旅行社散客部人员根据客人的初步想法向其提供若干种旅游方案，供其选择与考虑。

旅游咨询服务的范围极其广泛，主要包括：旅游交通、饭店住宿、餐饮服务、旅游景点、旅游产品种类及各种旅游产品的价格等内容。

旅游咨询服务业务形式可分为电话咨询、信函咨询、面对面咨询和网络咨询等。接待人员在为游客提供咨询服务时，应耐心礼貌地待客，对游客的询问要给予迅速、准确的回答，并提出合理的建议，力争给游客留下良好的印象。

1. 电话咨询服务

电话咨询服务是旅行社散客部人员通过电话回答客人关于旅行社散客旅游及其他旅游服务方面的问题，提供各种旅游建议，并向其推荐本旅行社有关旅游产品。在进行电话咨询服务中，散客部人员应做到：

（1）尊重客人。散客部人员在接到散客打来的旅游咨询电话时，要认真倾听客人提出的问题，并耐心地予以恰当的回答。回答时要热情友好，礼貌规范，以显示对客人的尊重。

（2）主动推荐。散客部人员在向散客提供电话咨询服务时要反应迅速，积极主动地进行推荐，即在圆满回答散客提出的各种问题的同时，积极主动地向散客提出各种合理性的建议，不失时机地向散客推荐本旅行社的各种旅游产品。

2. 信函咨询服务

信函咨询服务是旅行社散客部人员以书信形式答复散客提出的有关散客旅游和旅行社旅游产品的各种问题，并提供各种旅游建议的服务方式。

目前国内旅行社信函咨询服务大多采用电子邮件或微信的形式。信函答复应做到语言明确、简练规范。

3. 面对面咨询服务

面对面咨询服务是指旅行社散客部所设立的门市柜台人员接待前来进行旅游咨询的散客，回答散客提出的有关散客旅游方面的问题，并向其介绍、建议和推荐本旅行社散客旅游产品的服务。在向客人面对面地提供旅游咨询服务时，门市柜台接待人员应该做到：

（1）热情接待。散客来咨询时，接待人员应热情友好，面带微笑，礼貌待客，主动进行介绍。在咨询过程中，要仔细认真地倾听散客的询问，并将问题和要求记录下来，然后耐心地进行解答。

（2）主动宣传。门市柜台接待人员在回答散客提出的问题时，应向其提供各种可行的建议供客人选择。同时还应向客人提供本旅行社散客旅游产品的宣传资料，让散客带回去阅读，以加深客人对本旅行社及其旅游产品的印象，为旅行社争取客源。

（3）促其成交。由于客人就在门市柜台，接待人员在向散客提出建议的同时，应尽力促成成交。如客人提出特殊要求，在可能的情况下，应立即与有关业务人员联系并落实。

4. 网络咨询服务

网络咨询是指散客从网络平台上获取有关旅游方面和旅行社产品方面的信息，然后加以选择。目前，一般是旅行社客服人员通过网络平台回复客人提出的有关问题，并推荐本社相关旅游产品。

（三）选择性旅游服务

选择性旅游是通过招徕，将赴同一旅行线路或地区或相同旅游景点的不同地方的散客组织起来,分别按单项价格计算的旅游形式,俗称"散客拼团"。选择性旅游又称小包价旅游,主要由非选择性部分和可选择性部分构成,具体形式多样,主要有小包价旅游中的可选择部分;散客的市内游览、晚间文娱活动、风味品尝;到近郊或邻近城市旅游景点的短期游览参观活动,如"半日游""一日游""数日游""购物游"等。

1. 非选择部分

这一部分是散客必须委托旅行社安排的项目,主要包括住房、早餐以及机场(车站、码头)至饭店的接送和城市间的交通服务,费用由散客在旅游前预付。

2. 可选择部分

主要包括午、晚餐费用,参观游览,欣赏文艺节目,品尝风味费用及其他项目。散客可以根据需要自由选择,项目数量不限,费用的支付方式较灵活,可由散客在旅游前预付,也可由散客在旅游时现付。

这种服务方式适合以旅游观光休闲为目的的散客,散客可以根据自己的兴趣和爱好,选择制订适合自己的行程和服务标准,给消费者个性化的空间。

由于选择性旅游具有品种多、范围广、订购时间短等特点,所以接待选择性旅游的散客要比接待团体包价旅游更为复杂、琐碎。选择性旅游团队的成员是由来自不同地方的散客临时组成的旅游团,时间较短,所以一般不设领队和全陪,游客相互间不相识,因此,与团体包价旅游的接待相比,选择性旅游团队的接待工作难度要大得多。在接待过程中,导游人员在组织好各项旅游活动的同时,应随时注意观察散客的动向,听取其反馈和要求,在不违反对游客提供有关服务的承诺和不增加旅行社经济负担的前提下对旅游活动的内容适当调整。

三、散客导游服务的要求

散客旅游的发展是旅游市场成熟的标志之一,说明游客进行旅游活动的自主意识日趋增强,旅游经验日趋丰富,旅游消费日趋成熟和个性化。因此,旅行社除应根据散客旅游发展的趋势和特点做好适应散客旅游需要的有关事宜外,还要向导游人员的接待服务工作提出更高的要求,概括起来主要有:

1. 高效率的接待服务

散客旅游由于散客自主意识强,往往要求导游人员有较强的时间观念,能在较短的时间内为其提供快速高效的服务。如接站、送站时,散客不仅要求导游人员要准时抵达接、送现场,而且也急于了解行程的距离和所需的时间,希望能尽快抵达目的地。这就要求导游人员要高效率地完成接待服务。

2. 高质量的导游服务

由于散客的旅游经验较为丰富,往往不太满足于导游人员对目的地和游览景点做一般的介绍，希望导游人员有更能突出其文化内涵和地方特色的讲解，能圆满地回答他们提出的各种问题，以满足其个性化和多样化的需求。因此，导游人员在对散客进行导游讲解时，要有充分的思想和知识准备，保证有较高质量的导游服务。

3. 较强的独立工作能力和语言表达能力

散客旅游由于没有领队和全陪，导游服务的各项工作全部由导游人员一人承担，一旦出现问题，无论是来自散客方面，还是由客观原因所引起，导游人员都需要独自处理。如在带领选择性旅游团时，由于散客间彼此互不相识，个性各异，在某些问题上可能发生意见分歧，甚至激烈的争执，此时就需要导游人员进行有效的调解。

四、散客旅游迅速发展的原因

近年来，随着旅游市场的日趋成熟，游客自主意识的增强和消费观念的改变，团队旅游有安全感、省时方便、价格便宜的优势对游客的吸引力已有所下降，而散客旅游以其独特的优点吸引着广大游客，散客旅游已渐渐成为我国各种旅游活动的主要形式。导致散客旅游迅猛发展的原因有：

（一）游客自主意识和旅游经验的增强

在社会稳定并具备一定经济基础的前提下，游客选择旅游目的地和旅游方式更注重个人的自主意识，而随着信息产业的发展，人们更容易获得各种旅游方面的知识。知识的积累和旅行经验的丰富，使人们对旅行社及旅游中介机构的依赖性逐渐减弱，越来越多的人根据个人喜好自主出游或结伴出游，自主地选择目的地、参观的景点及其他旅游活动。

（二）游客结构的改变和需求层次的提高

随着我国经济的发展，中青年游客增多，他们往往富有冒险精神，不愿受团队旅游的束缚和限制。

（三）交通和通信的便利

现代交通和通信工具的迅速发展，为散客旅游提供了便利的技术条件。随着我国汽车工业的发展，现在人们驾驶自己的汽车或租车出游十分盛行。现代通信、网络技术的发展，也使得游客无须通过旅行社来安排自己的旅行，在互联网上就可以获取有关旅游的知识、安排自己的旅行，基本解决食、住、行的问题。

由此可见，散客旅游的发展既是旅游业进入更高层次、更新阶段的产物，也是旅游业发展的必然趋势。虽然由于老弱游客、初次出游者以及语言障碍等因素的存在，团体旅游不可能完全消失，但其规模将会缩小，团体模式也将有所改变。在团体旅游与散客旅游的并行发展中，前者会不断结合散客特点，向后者经营方式的方向做出相应调整，产生介于团体或散客旅游之间的中间形式，以适应市场需要。

第二节 散客导游服务程序与规范

散客旅游与团队旅游，在接待工作和接待程序上有许多相似的地方，但也有不同之处。导游不能全盘照搬团体包价旅游团的导游服务程序，而应根据散客服务要点，有针对性地提供导游服务。

散客部导游人员随时都在办理接待散客的业务，按散客的具体要求提供办理单项委托服务的事宜。一般情况下，柜台工作人员先用电话通知散客部计调人员，请其按要求配备导游和车辆，并填写"旅游委托书"。导游按委托书（即接待计划）的内容进行准备。散客导游服务流程见图3-1。

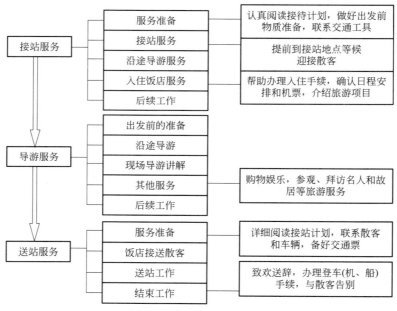

图 3-1 散客导游服务流程

一、接站服务

接站服务是散客到达旅游目的地之前向旅行社办理的单项委托服务，导游人员的主要任务是按散客委托要求将其从机场（车站、码头）接送到客人预订的饭店。

（一）服务准备

导游人员接受迎接散客的任务后，应认真做好迎接散客的准备工作，它是接待好散客的前提。

1. 认真阅读接待计划

导游人员应明确接待计划中的各种信息：

（1）是散客包价团还是单项委托服务或是选择性服务。

（2）具体提供哪些服务项目。

（3）明确迎接的日期，航班（火车、轮船）次的抵达时间。

（4）散客姓名及人数，所下榻的饭店，有无航班（火车、轮船）及人数的变更。

（5）是否与其他游客合乘一辆旅游车至下榻的饭店等。

2. 做好出发前的物质准备

导游人员准备好要迎接散客的姓名或小包价旅游团的欢迎标志；准备好地图、导游证、胸卡、导游旗或接站牌；检查所需票证，如交通票、餐单、游览券等。

3. 联系交通工具

导游人员要与散客部计调人员确认司机姓名、电话，并与司机了解车型、车号、车况等相关信息。

如果没有专门车辆，需要乘坐出租车，导游人员应该提前熟悉周围地形，设计合理的行车路线，防止出现差错。

（二）接站服务

接站时要使散客或小包价旅游团受到热情友好的接待，有宾至如归之感。

1. 提前到接站地点等候

导游人员要提前抵达接站地点。若接的是乘飞机来的散客，导游人员应提前30分钟在隔离区门外等候；若散客乘火车、汽车或轮船，导游人员应提前30分钟抵达车站或码头。

2. 迎接游客

接散客比接团队游客要困难，因为人数少，稍有疏忽，就会出现漏接。比如：未找到游客，游客自行到饭店或被别人接走。因此，在航班（火车、轮船）抵达时，导游人员应做到：

（1）和司机站在不同的出口，易于被发现的位置举牌等候，以便散客前来联系，导游人员也可根据散客人数、年龄、性别等特征上前询问。

（2）确认接到应接的散客后，导游人员应主动问候，并介绍所代表的旅行社及自己的姓名，对其表示欢迎。

（3）询问散客在机场或车站还需办理的事情，并给予必要的协助。

（4）询问散客的行李数并进行清点，帮助散客运上车。

(5) 如是散客旅游团，且配备了行李车和行李员，则要将行李清点后交行李员运送。

3. 如果没有接到应接的游客，导游人员的做法

(1) 询问机场或车站工作人员，确认本次航班（火车、轮船）的乘客确已全部进港或再没有滞留的游客。

(2) 导游人员（如有可能与司机一起）在尽可能的范围内寻找至少20分钟。

(3) 与散客下榻的饭店联系、查询游客是否已自行到达饭店。

(4) 若确实找不到应接的散客，导游人员应电话与计调人员联系并告知情况，进一步核实其抵达的日期和航班（火车、轮船）及是否有变更的情况。

(5) 当确定迎接无望时，需经计调部或散客部同意方可离开机场（车站、码头）。

(6) 对于未在机场（车站、码头）接到散客的导游人员来说，回到市区后，应前往游客下榻的饭店前台，确认游客是否已入住饭店。如果游客已入住饭店，必须主动与其联系，并表示歉意。

4. 接待散客的注意事项

由于散客与旅游团队存在很大区别，所以在接待散客中，应注意以下几点：

(1) 导游人员与散客相识后，应尽快记住散客姓名、体态和容貌，并设法了解散客性格、特征和习惯行为、国籍及职业。如果有旅伴，导游人员可以从侧面了解是家眷还是朋友，不宜直接询问散客。导游人员也可从平时与散客交谈中发现线索。

(2) 对散客的行李要特别小心，导游人员要比散客本人更留心照顾。

(3) 导游人员要将散客交办的事情记在便条或小册子里，最后将办理的结果告诉客人。

(4) 让客人做自我介绍。散客的特点是散，导游人员和散客以及散客之间都不熟悉，所以在导游人员做完介绍后，最好让客人再做自我介绍，这样便于散客之间今后相互帮助，导游人员的工作也要便利得多。

(5) 导游标识应鲜明易认，如让散客戴色彩分明的帽子等。

（三）沿途导游服务

在从机场（车站、码头）至下榻的饭店途中，导游人员对散客应像对团队一样进行沿途导游，地陪必须做好首次沿途导游，以满足游客的好奇心和求知欲。首次沿途导游的内容主要介绍所在城市的概况、当地的风光、风情以及下榻饭店的情况，以及沿途景物和有关注意事项等。个体散客，沿途导游服务可采用对话的形式进行。

（四）入住饭店服务

入住饭店服务应使游客进入饭店后尽快完成住宿登记手续，导游人员应热情介绍饭店的服务项目及入住的有关注意事项，与游客确认日程安排与离店的有关事宜。

1. 帮助办理入住手续

散客抵达饭店后,导游人员应帮助散客办理饭店入住手续。按接待计划向散客明确说明饭店将为其提供的服务项目,并告知散客离店时要现付的费用和项目。记下散客的房间号码。散客行李抵达饭店后,导游人员负责核对行李,并督促行李员将行李运送到散客的房间。

2. 确认日程安排

导游人员在帮助散客办理入住手续后,要与散客确认日程安排。

(1) 与客人确认日程安排和相关事宜。

(2) 当客人确认后,将填好的安排表、游览券及赴下一站的飞机(车、船)票交与客人,并让其签字确认。

(3) 如散客参加的是选择性旅游,导游人员应根据日程安排和游客的兴趣,向游客推荐旅游项目,在推荐旅游项目时,一定要耐心讲清项目的内容、时间安排、地点和价格等内容。

(4) 如散客乘坐大型旅游车游览,应详细说明各种票据的使用、集合时间、地点,以及游览车的导游人员召集散客的方式,在何处等车、上车等等相关事宜。

(5) 对于有送机(车、船)服务项目的散客要与其商定好离站时间和送站安排。

3. 确认机票

(1) 如散客将乘飞机赴下一站,而又不需要旅行社为其代买机票时,导游人员应叮嘱散客提前预订和确认机座。

(2) 如果散客持的是 OK 票,地陪要叮嘱其抓紧时间确认,并告知办理机票确认单位的电话号码。

(3) 如果用打电话的方式不能确认机票,散客愿意将机票交与导游人员帮助确认,而接待计划上又未注明需协助确认机票时,导游人员可向散客收取确认费,并开具收据。

(4) 导游人员帮助散客确认机票后,应向散客部或计调部报告核实确认的航班时间,以便及时派人派车,提供送机服务,并将收取的费用上交旅行社。

4. 推销旅游服务项目

导游人员在迎接散客的过程中,应借机询问散客在本地停留期间还需要旅行社为其代办何种事项,介绍相关旅游项目并表示愿竭诚为其提供服务。

(五) 后续工作

迎接散客完毕后,导游人员应及时将同接待计划有出入的信息及散客的特殊要求反馈给散客部或计调部。如果发生了费用方面的问题,查明责任后,按有关规定处理。

对于未在机场或车站接到散客的导游人员来说，在主动与客人联系并表示歉意后，要按接待计划安排好散客停留期间的有关委托服务，然后向散客计调部门报告全过程。

二、导游服务

散客导游服务是旅行社在接受了散客至某一旅游线路、旅游区或旅游点的委托后，派遣导游人员为其提供的服务。这种服务一般会为客人提供车辆运输，而客人未委托的内容则由散客自理。

对于接待的散客旅游团，如选择性旅游团、散客包价或小包价旅游团，由于团员们来自不同的地方，彼此不认识，个性和生活习惯各异，在游览过程中，散客旅游因无领队、全陪，因此相互之间互无约束，集合很困难，导游人员更应尽心尽力，多做提醒工作，多提合理建议，努力使散客参观游览安全、顺利。导游人员带这样的旅游团时必须有高度的责任感，工作更要尽心尽力，遇到情况要多倾听游客的意见，多向他们提合理化建议，做好协调工作。

（一）出发前的准备

1. 准备工作

出发前，导游人员应做好有关的准备工作，如携带游览券、导游小旗、宣传材料、游览图册、导游证、胸卡、名片等，并与司机联系集合的时间、地点，督促司机做好有关的准备工作，如提前提醒司机检查车况、将旅游车加满油、请司机提前打开空调等，使旅游车保持较好的工作状态等。

2. 提前抵达集合地点

导游人员应提前15分钟抵达集合地点，引导散客上车，清点人数。提醒客人根据天气情况穿戴合适的服饰，随身携带好相机等物品，保管好贵重物品。

如是散客小包价旅游团，散客分住不同的饭店，导游人员应同司机驱车按时到各饭店接散客。散客到齐后，再驱车前往游览地点。根据接待计划的安排，导游人员必须按照规定的路线和景点率团进行游览。

（二）沿途导游服务

在沿途导游服务中，导游人员首先应向游客致欢迎辞，欢迎辞包括代表旅行社、司机向客人致以热烈的欢迎，表示愿竭诚为客人服务，希望客人予以合作，多提宝贵意见和建议，并祝客人游览愉快、顺利。致完欢迎辞，导游人员应向客人讲解沿途风光，并向客人强调在游览中的注意事项，提醒游客注意安全。

如果客人人数较少，导游人员可坐在客人中间采用对话形式作沿途讲解。如果接待的是临时组合起来的选择性旅游团，初次与客人见面时，导游应采用独白式的讲解方式。

(三) 现场导游讲解

抵达游览景点下车前,导游人员应告知客人游览完景点后的上车时间、地点和车型、车号。游览前,导游人员应向其提供游览路线的合理建议,由客人自行选择;客人下车游览景点时,导游人员应对景点的历史背景、特色等进行讲解。

如果是单个游客,导游人员可采用对话或问答形式进行讲解,更觉亲切自然。有些散客,善于提出问题与讨论问题,导游人员要有所准备。

如是散客旅游团,导游人员应陪同旅游团边游览边讲解,随时回答客人的提问。由于客人彼此之间不认识,团队缺乏凝聚力,所以导游人员在带领客人参观游览过程中,要密切注意客人动向和周围的情况,提醒客人彼此照应,紧跟队伍,以防客人走失或发生意外事故。

游览结束后,导游人员要负责将游客分别送回各自下榻的饭店。

(四) 其他服务

1. 购物娱乐服务

由于散客的自由活动较多,导游人员应当好他们的顾问。将有关文艺演出、体育比赛、购物等活动介绍给散客,请他们自由选择,必要的时候帮助客人进行选择,提醒客人注意安全。导游人员是否陪同前往,可根据客人和导游人员的意愿协商。

2. 参观活动服务

游客经常要求去一些专业性强、游客比较少的博物馆、陈列馆、展览馆、对口单位甚至居民家庭参观访问。这些活动与一般的景点游览不同,一般都有事先的约定、专人接待,参观的内容和路线往往又是导游人员不熟悉的。因此,导游人员应进行更加充分的准备,如设法了解相关单位的基本情况,熟悉行走线路等。

3. 寻访故居、墓地和拜访名人

散客寻访故居、墓地和拜访名人的活动比较复杂,导游人员提供服务有一定的难度。为此,对游客的这类要求,导游人员应问清事由和寻访目的,并及时报告旅行社,根据旅行社的意见进行处理。如旅行社同意,导游人员应事先同有关单位、个人取得联系,按约定的时间陪同客人前往。在陪同过程中,要注意掌握访问的时间、介绍的口径,注意严格遵守国家有关安全保密制度的规定。如果现有的条件下无法满足要求,导游人员应向散客耐心地解释,安抚散客的情绪,消除其误解和不满。

(五) 后续工作

散客游客多采用付现款的方式参加游览,因此,如果任务书或委托书中注明需收费,导游人员则在收款后立即将资金上交旅行社财务部。

接待任务完成后，导游人员应及时将接待中的有关情况反馈给散客部或计调部，填写"零散游客登记表"。

三、送站服务

游客在结束本地参观游览活动后，导游人员应使散客顺利、安全地离站。

（一）服务准备

1. 详细阅读送站计划

（1）明确所送散客的姓名和人数、离开本地的日期、所乘航班（车、船次）以及散客下榻的饭店。

（2）有无航班（车、船次）与人数的变更。

（3）是否与其他游客合乘一辆车去机场或车站、码头。

2. 联系车辆

同散客部或计调部确认与司机会合的时间，与车队联系，确定送站车辆的车型、车号、驾驶员姓名及联系方式。与司机商定送站当天的集合时间、地点。

3. 与客人联系

提前一天与散客确认送站时间和地点。若散客不在房间，应留言并告知再次联络的时间，然后再联系、确认。如是散客拼团，应告知托运行李的时间，并通知饭店总台，确认行李员出行李的时间，以及行李托运方式。

送散客抵达机场（车站、码头）的时间分别为：出境航班提前3小时或按航空公司规定的时间，国内航班提前2小时，火车、轮船提前1小时。

4. 备好散客的机（车、船）票

提前准备好散客委托代订的机（车、船）票。

（二）饭店接送散客

按照与散客约定的时间，导游人员必须提前20分钟到达散客下榻的饭店，协助散客办理离店手续，交还房间钥匙，付清账款，清点行李，提醒散客带齐随身物品，然后照顾客人上车离店。

若导游人员到达散客下榻的饭店后，未找到要送站的游客，导游人员应到饭店前台了解游客是否已离店，并与司机共同寻找。导游人员应向散客部或计调部报告，请计调人员协助查询，并随时保持联系，当确认实在无法找到游客，经计调人员或有关负责人同意后，方可停止寻找，离开饭店。

若导游人员要送站的游客与住在其他饭店的游客合乘一辆车去机场（车站、码头），要严格按照约定的时间顺序抵达各饭店。

若合车运送游客途中遇到严重交通堵塞或其他极特殊情况，需调整原约定的时间顺序和行车路线时，导游人员应及时打电话向散客部或计调部报告，请计调人员将时间上的变化通知后面要接的游客，或请其采取其他措施。

（三）送站工作

1. 致欢送辞

在送客人到达车站（码头、机场）的途中，导游人员应致欢送辞，并代表旅行社向客人表示感谢。最后也要征求游客的意见和建议，或根据旅行社的要求，向客人分发"服务质量评价表"，请客人填写并收回。

2. 办理登机手续

散客到达机场后，导游人员应提醒和帮助散客带好行李与物品，协助散客办理登机牌及行李托运手续，并当面核对登机牌及行李牌，交给客人。

3. 与散客告别

导游人员在同散客告别前，应向机场人员确认航班是否准时起飞，若航班延时起飞，应主动为客人提供力所能及的帮助。若确认航班准时起飞，导游应将散客送至安检区域入口处同其告别。若送游客去车站（码头）时，导游人员要安排好游客从规定的候车室上车入座，协助游客安顿好行李后，将车票交给游客，然后同其道别，欢迎再来。

（四）结束工作

将散客顺利送走后，导游人员还有许多工作需要完成，主要是接待收尾工作，虽简单，却也不可省略、轻视。导游人员应将客人填写的"服务质量评价表"如数交回旅行社，向部门报告游客游览情况及对各项服务的意见、建议，汇报对各协作单位工作质量的看法，必要时应写书面报告，以利于改进工作。还应注意总结工作经验，与其他导游人员交流工作心得，从而不断增强导游技能，提高服务质量。若旅游过程中发生重大事故，导游人员应写出详细的书面报告，交回接待社。

填写有关散客接待表格及结账单，如果导游服务前向散客部门预领过现金，凭发票报销，退回余额，归还所借物品。

补充材料3-1

"微度假"引领旅游消费潮流

2022年，我国疫情防控步入常态化阶段。在此背景下，远途旅游、度假受到一定限制，以精致露营、亲子游乐、户外运动等为主要形态的微度假方式，正形成新的消费热潮，快速把城市及周边的冷点区域变为热点区域、把热点区域变为高频区域，同时全盘带活了上下游供应链。

与传统旅游、度假模式不同，微度假是以本地、近郊和周边为主要游览区域，以周末为主要游览时间，以网络为主要发酵平台，以兴趣和时尚为主要聚合因素的新型度假方式，一般具有短停留、高频度、高关注、多玩法的特点。

微度假的快速普及和风靡，显示内循环背景下充足的市场活力。疫情常态化背景下，城市和周边之美与之乐被重新发现，依托于新兴网络平台的快速发酵，相应的微度假方式获得快速普及，形成风潮。以精致露营为例，买装备、谈露营、晒露营，成为朋友圈中的高频话题。

微度假对传统旅游度假行业实现了迅速拉动和迭代。首先是客源群大为扩大。大量没有太多度假时间的城市白领家庭被引入新的生活风潮中，由此改变了传统度假行业的市场基座和需求结构。其次是户外内容的导入对度假行业形成有力牵引。野餐、飞盘、户外运动、户外游乐，各种新鲜的户外内容被导入到传统的度假供给体系中，与新一代消费群众的需求一拍即合，互促演变。

微度假改变了传统旅游业的运行模式。一是更高频的消费模式。微度假消费频次远远高于传统的旅游度假，更高频就必然需要更注重城市资源的组织，更重视多变的营销和运营，更关注家庭市场，也必然会沉淀更有价值的数据资源，产生更多的运营和投资价值。二是新的更紧密的上下产业链互动。例如，精致露营带来了巨大的产业链带动作用，国内外的相关装备产能均被拉紧，原有的传统帐篷、露营装备厂商迅速向这一领域转型。三是和国内外时尚潮流有更紧密的联结关系。微度假是消费内循环的产物，与传统旅游度假行业差异较大，其在源源不断地汲取国内外的时尚潮流，与其产生更紧密的联结关系。

典型案例

案例一　马虎的危害

事情经过：

某年夏季一天的下午 7 时许，上海的导游人员吴先生正在家里休息，突然接到电话，他的表情立刻严峻起来，原来他忘了送两位游客去机场，客人正在饭店大厅等候送机，此时离飞机起飞还有 1 小时 20 分钟，而且客人的机票还在吴先生手中。

从家里到饭店需要 40 分钟，从饭店到机场又需要 30 分钟，时间很紧张。吴先生急忙打电话与司机联系，请他接上客人直接去机场，自己从家里坐出租车赶去机场送机票。一路上吴先生的心情十分焦急，不断地催促出租车司机加快速度。

途中通过电话联系，吴先生知道司机已经找到了客人，并带他们离开了饭店。50分钟后，吴先生终于赶到了机场，他迅速找到焦急等待的客人，道了歉，急忙去办理登机手续。

回来的路上，吴先生深深为自己所犯的错误而悔恨，只因一时的粗心，给游客带来了不好的体验，险些造成经济上的损失和对旅行社的影响，这真是一次不小的教训呀！

案例点评：

导游人员在接待散客前要查看接待计划，应做到认真细致，以免给工作带来困难或不良后果。本案例中的吴先生就是因为没有认真阅读接待计划，而忘记了还有接待任务，险些造成误机事故的发生。因此，只有在接待前真正重视每一个接待计划，细致认真地查看和确认每一个工作环节，才可以确保接待工作的顺利进行。通常，细致的工作应注意以下几点：

1. 认真阅读接待计划。导游人员应详细阅读旅游接待计划，了解工作安排，掌握工作的时间、地点、内容。不能想当然地按照习惯的工作内容工作，以免出现失误。

2. 做好充分准备。熟悉整个接待过程的程序，也许会发现计划中的逻辑错误，如航班时间与游览时间的冲突、游客人数与车辆座位数的冲突等等。

3. 时常复查计划。复查接待计划可预防旅游接待中因可控因素和不可控因素引起的工作失误，如天气变化时，可通过复查计划考虑提前出发，为处理交通堵塞或突发事件留出时间。

案例二　散客拼团的误会

事情经过：

一次，欧美部的英语导游人员小方作为地陪负责接待一个由7名散客组成的散客旅游团。其中5人讲英语，2人讲中文。在旅游车上，小方用两种语言交替为游客讲解。到了游览点时，小方考虑到游客中讲英语的人占多数，便先用英语进行了讲解，没想到他用英语讲解完毕，想用中文作再次讲解时，讲中文的游客已全部走开了，因而他就没用中文再次讲解。事后，小方所在旅行社接到两位讲中文游客的投诉，他们认为地陪小方对待游客不平等。

案例点评：

这是一次由误会而招致的投诉，本案例中散客投诉的原因：

1. 服务过程中欠细致、周到；
2. 事先没讲明自己的服务方式；
3. 事先没考虑先用英语讲解对中文游客带来的心理不平衡。

> **避免投诉的方法：**
> 1. 事先声明服务的方式；
> 2. 采用中英文交替的方式为游客讲解；
> 3. 可采用转移讲解法，甲地英语讲解在先，乙地中文讲解在先。

本章小结

散客旅游也称自助或半自助旅游，现已成为旅游活动的主体。与团队旅游相比，散客旅游有形式灵活、选择性强、自由尺度大，批次多、批量少，档次高、要求多，零星现付、价格高等特点。散客对旅游服务效率和质量要求更高，各国旅游企业都在努力创造条件争取接待更多的散客，以促进旅游的发展。

复习思考题

1. 什么是散客旅游？它与团队旅游有什么区别？
2. 散客导游服务有什么特点？
3. 散客导游服务的程序如何？比较散客导游服务程序与团队导游服务程序的异同点。
4. 散客导游服务有什么样的要求？
5. 接待散客时应做哪些服务准备？
6. 按照约定时间抵达接站地点，如果没有接到应接的游客，导游人员应该如何处理？

实训题

1. 学生分成若干小组，模拟当地"一日游"的散客门市接待工作。
2. 学生分成若干小组，分别扮演拼团散客、导游人员，进行导游的接站服务、导游服务和送站服务的模拟练习。
3. 结合实践，谈谈应如何开辟新的散客旅游市场。

第四章 导游服务技能

📚 **学习目标**

① 熟练掌握各种导游讲解语言技巧。
② 理解导游人员带团技能对今后工作的重要性。
③ 掌握导游人员的带团技能。

导游服务技能是指导游人员运用所掌握的知识和经验为游客服务的方式和能力。由于导游服务的范围很广,导游服务的技能亦包括多个方面,如人际交往技能、组织协调技能、带团技能、宣传技能、运用语言技能、导游讲解技能、保卫游客安全技能、运用导游器材技能等等。这些导游服务技能导游人员均应学习和掌握,但因篇幅所限,本章不可能对它们一一进行阐述,本章就语言技能、讲解技能和带团技能作一些概括说明。

第一节 导游语言艺术

语言是导游服务的重要手段和工具,而导游服务的效果又往往取决于导游语言的艺术。现代语言学认为,语言是传递信息的一种符号。导游人员在为游客提供服务时,通过语言传递信息,以求引起游客在情感上、观念上乃至行为上的互动。但游客对语言理解的程度会影响他们接受信息的程度,也就是说,游客收到的信息与导游人员发出的信息可能存在一定的距离,从而影响互动的效果。一般来讲,导游人员驾驭语言的能力越强,信息传递的障碍就越小,被游客接受的程度就越高。每个合格的导游人员都必须练好语言这一基本功。

一、导游语言的含义

导游是一种社会职业,与其他社会职业一样,在长期的导游实践中逐渐形成了具有职业特点的语言——导游语言。从狭义的角度说，导游语言是导游人员与游客交流思想感情、指导游览、进行讲解、传播文化时使用的一种具有丰富表达力、生动形象的口头语言。

广义的导游语言是指导游人员在导游过程中必须熟练掌握和运用的具有一定意义并能引起互动的一种符号。导游语言的内容是十分丰富的，它不仅包括对景观的解说，还包括导游过程中的思想沟通、知识传播和情感交流等。因此，导游语言表达是一门艺术，是融技能、情感、观念、审美于一体的创造性活动。导游语言在导游活动中运用得体，就能取得事半功倍的导游效果。

二、导游语言的类别

按照导游语言表达的形式，可以分为三大类：即口头导游语言、书面导游语言、体态导游语言。其中运用最多的是口头导游语言。

（一）口头导游语言

口头导游语言是通过口头表达和听觉感应来实现的导游语言。

口头导游语言包括以下两种形式。一是独白式，它是导游人员讲、游客听的单向语言传递形式，在导游讲解过程中使用最为普遍。如导游人员致欢迎辞、欢送辞或进行独白式的景点导游讲解等。它的特点是目的性强，对象明确，表达充分。二是对话式，这是导游人员与游客之间双向语言传递方式，是导游人员与一个或数个游客之间的交谈，可以是问答，也可以是商讨。

（二）书面导游语言

书面导游语言常被称为导游词，是以文字为工具，采用书面形式进行导游讲解或介绍的方式，常以说明文或散文的形式表现出来。此外，还有一些具有导游词作用的书面导游材料，比如旅游指南、风物志以及一些专题旅游景观介绍等。

（三）体态导游语言

体态导游语言，又叫态势导游语言，是指通过人的表情、动作和姿势等来传递导游信息。体态导游语言可以通过导游人员的服饰、表情、体态动作等手段准确地表情达意，营造导游服务过程中融洽的交际氛围。

三、导游语言艺术的作用

（一）畅通信息的传递

在特定的语言环境中，我们不能机械地把多余信息完全省略，因为多余信息在传递

过程中能起辅助或"润滑"的作用。如游客问泰山景点导游人员:"请问,南天门还有多远?"请看两种回答方式:

(1) 快啦!

(2) 大约还有2公里,半小时就能走到,您别急,慢慢走。

(二) 调谐主客关系

导游语言艺术作为调谐这一关系的具体方法,在很大程度上取决于对语言环境的感知、理解和决策。譬如:

一位导游人员在迎接一个旅游团时迟到了,让客人等了很久,客人怨气很大。为了调谐关系,导游人员态度诚恳地说:"各位先生们、女士们,辛苦了。实在对不起,因为城市交通拥挤,加上我出发的提前时间少了点儿,路上堵车,让大家久等了。我代表我和我们这座城市向各位致歉!"然后一个鞠躬。导游人员真诚的言语行为,立刻赢得了游客的谅解。

(三) 激发游客热情

导游语言的传递目的,不仅是沟通信息,更重要的是引起信息互动,而引起信息互动的关键,语言必须具有激发力量。譬如:

炎炎夏日,旅游团在景区游览时,天突然下起了小雨,有的游客情绪变得有些低落,这时,导游人员对大家说:"下雨虽然给我们的旅游活动带来些许不便,但也给我们送来了清凉,让我们有机会感受雨中的美景。"通过这样的语言表达,导游人员积极地调节游客的情绪,使游客保持游兴。

(四) 提高导游人员素质

导游是一门实践性非常强的科学,如果导游人员在长期创造性地使用语言的过程中,注重提高自己语言的艺术水平,那么他们的思维能力、审美能力和创造能力必将得到提高。

四、导游语言艺术的运用技巧

(一) 恰当清楚、准确无误地传递信息

正确、清楚的讲解,是确保知识传播和信息完美的根本条件,它是导游语言规范化和科学化的生动体现。讲解的内容必须以事实为依据,准确无误地反映客观事实,做到就实论虚,入情入理,切忌空洞无物或言过其实。

（二）生动活泼、鲜明贴切地传达美感

在讲解内容准确、情感健康的前提下，语言还要力求鲜明生动，言之有神，切忌死板、老套、平铺直叙。为此，导游人员要善于恰当地运用一些修辞手法，如用对比、夸张、比喻、比拟等来"美化"自己的语言。只有"美化"了的语言，才能把导游内容如故事传说、名人轶事、自然风物等讲得有声有色，产生一种美感，从而感染游客的心理和情绪，使其游兴大增。

（三）精心调遣、灵活巧妙地激发游客兴趣

导游人员在讲解中运用巧妙、精心的调遣技巧，用疑问句来设置疑问，用停顿和"吊胃口"或"卖关子"来营造气氛，以吸引游客，使讲解生动别致、情趣盎然。

（四）浅白易懂、妙用口语化语言

导游讲解的内容主要靠口语来传达，口语声过即逝，游客不可能像看书面文字那样可以反复阅读。当时听得清楚，听得明白才能理解。所以要根据口语"有声性"的特点，采取浅白易懂的口语化讲解。

（五）幽默风趣、创造轻松的旅游氛围

幽默风趣的导游讲解可以使听者解颐欢笑、松弛情绪。在旅游过程中，人们大都希望"旅"得轻松，"游"得愉快，导游人员恰当运用幽默的语言，可为游客创造富有活力的语言氛围，使游客获得精神上的快感。

导游语言艺术的提高不是一蹴而就的，它是一个不断总结经验、寻找捷径的过程。一方面要构建导游语言训练体系，提高导游语言的运用能力。另一方面要依靠导游人员在导游工作实践中不断地加强训练，根据导游语言的审美性、知识性、趣味性与娱乐性等特点，巧妙地使用一些语言技巧，提高其艺术表现力，这样才能使其讲解引人入胜。

五、导游语言艺术的风格

导游语言艺术的风格作为一种表现形态，犹如人的风度一样，是从导游语言整体上所显现出来的特点，是由导游人员主观方面的特点与导游内容的客观特征有机统一所组成的一种整体现象，所以导游语言艺术风格既是导游艺术的一个重要组成部分，又是形成导游艺术的许多其他组成部分借以表现出来的工具和手段。

作为导游人员，大都有自己不同于他人的语言风格。每个导游人员常用的词语句式以及语言技巧等等都不是完全一样的。如果加以比较，则会发现部分导游人员，语言的风格更鲜明一些、个性更突出一些、语言技艺的运用也更集中一些。这是由于他们在长期的导游工作中，不断探索积累，使得自己的导游语言具备一定的个性，形成了自己的

语言艺术风格。一个成熟的导游人员在运用导游语言时，不论自觉与否，总要表现出他对自然景观和人文景观独特的感受、认识和情感。因此，即使讲解同一导游内容，不同的导游语言也具有各自不同的风格。造成这种风格差异的主要原因是导游人员在个性爱好、审美趣味等方面存在着一定的差异性。当然，导游内容的不同、导游对象的不同也是影响导游语言艺术风格的重要因素。

导游语言艺术风格有一个形成和变化的过程。有些刚从事导游工作的人，由于对导游内容还不十分熟悉，认识得也不太透彻，大都照本宣科，生搬硬套一些导游资料上的东西，甚至遣词造句一个样，没有自己独特的见解和语言艺术风格。但随着带团时间的延长，自己不断地学习和实践，知识和经验也就不断丰富，于是熟能生巧，成竹在胸，逐渐形成自己鲜明的语言艺术风格。

风格的形成和具备，不是看导游人员一时一地的语言行为，而是看他的导游语言是否贯穿着一种基调。这种基调有相对的稳定性和一贯性，但是它又不是一成不变的，它往往随着我们导游人员的工作阅历、审美情趣、语言修养等各方面因素的影响而变化，随着经验的积累，其风格也必然会日趋稳健和成熟。

导游语言艺术的风格具有多样性的特点。因为它所反映的旅游景观本身具有多样性，导游人员的思想情感、审美观念、语言修养具有多样性，并且游客审美的多样化也要求导游语言的风格具有多样化的特点。当然，导游语言艺术风格的多样性不仅表现于不同的导游人员，而且也表现于同一导游人员。优秀的导游人员，其语言才能往往具有多方面的适应性，在相对稳定的主体风格之中，同样可表现出多种技巧的变化。

导游语言艺术风格可以划分以下三种类型：

（一）语言明快，热情奔放

这类风格的特点是：语言明快、直接、流畅，洋溢着一种奔放热情。这种风格的导游人员对游客有如火的热情，对所讲的景区也表现出真挚的热爱，让游客感受到的就是一种具有较高水准的职业化的解说。要形成这种导游语言艺术风格并不是那么简单的，如何把握好情感和语言的分寸十分重要，语言既要明快，又要注意含蓄；情感既要奔放，又要注意收敛，否则就显得肤浅。

（二）幽默诙谐，妙趣横生

这类导游语言艺术的特点是，以浓厚的趣味思想来认识和解释事物，语言中渗透着机智、诙谐，充满活力、富有情趣，蕴藏着一种乐观向上的精神力量，使人听了格外开心且耐人寻味。

但是，这类导游语言艺术风格相应的缺点是容易让人产生油腔滑调的错觉，在该严肃庄重的时候偏偏说俏皮话，这样就使人感到不认真、不亲切。

（三）平实质朴，稳健沉静

这类导游语言艺术风格的特点是：言行举止稳健沉静，情感含蓄不外露，遣词造句平实、质朴，不多用修饰手法，只是平平静静、老老实实地叙述事实，讲解景物，解析事理，显得厚重大方，有与人闲谈般的亲切感。

但这种风格的缺点是容易导致解说枯燥呆板，如果说的事实不具体，又不能用一些修饰性词语启发游客的想象，只用生硬的、很草率的几句话进行粗略的讲述，就容易使人感受到索然寡味。

对于以上三种导游语言艺术风格，我们不能说哪种好哪种不好，因为它们的关系是相容的，不是对立的，是可以因人而异、因地制宜发挥不同功效的。这就要求导游人员的语言艺术风格力争达到这样的境界："正而能变，大而能化，化而不失本调，不失本调而兼众调"。这里所说的"本调"与"众调"的关系，就体现了导游语言艺术风格的一致性和多样性的对立统一。因此，只有灵活把握这种对立统一，我们导游工作者的语言艺术风格才能丰富多彩，才能满足不同游客的不同需要。

第二节　导游讲解技巧

导游讲解就是导游人员以丰富多彩的社会生活和绚丽多姿的自然美景为题材，以兴趣爱好不同、审美情趣各异的游客为对象，对自己掌握的各类知识进行整理、加工和提炼，用简洁明快的语言进行的一种意境的再创造。

一、导游讲解的基本要求

导游讲解是为了向游客有效地传播知识、联络感情的一种服务方式。一方面，导游人员讲解的知识要能够为游客所理解；另一方面，要使游客在心理上或行为上产生认同，在情感上与导游人员趋同。导游人员在讲解时应符合以下基本要求。

（一）言之有物

导游讲解要有具体的指向，不能空洞无物。讲解资料应突出景观特点，简洁而充分。可以充分准备，细致讲解，不要缺乏主题。导游人员应把讲解内容最大限度地"物化"，使所要传递的知识深深地烙在游客的脑海中，实现旅游的最大价值。

（二）言之有理

导游人员讲解的内容、景点和事物等都必须要以事实为依据，要讲道理，以理服人，不要言过其实和弄虚作假，更不要信口开河。

言之有理不仅指讲道理的"理"，在导游讲解中的另外一层含义是要符合一定的生活和风俗习惯，符合人们的欣赏习惯，符合法律法规。

（三）言之有趣

导游人员在讲解时要生动、形象、幽默和风趣，要使游客紧紧地以导游人员为核心，在讲解的过程中，要使游客感受到一种美好的享受和满足。需要指出的是，导游人员采用风趣幽默的表达方式时，比拟要自然、要贴切，千万不可牵强附会，不正确的比拟往往会给游客留下不好的印象。

（四）言之有神

导游讲解应尽量突出景观的文化内涵，使游客领略其内在的神采。讲解内容要经过综合性的提炼并形成一种艺术，同时，导游人员要善于观察游客的神情变化，分析和掌握哪些内容游客感兴趣，哪些内容游客不愿听，及时调整所讲内容。

（五）言之有据

导游人员对游客讲话、谈论问题、对参观游览点的讲解、对外宣传都要从实际出发，要有根据，令人信服。

（六）言之有情

导游人员要善于通过自己的语言、表情、神态等传情达意。讲解时，应充满激情和热情，又充满温情，富含感情和人情的讲解更容易被游客接受。

（七）言之有喻

导游人员应结合游客的欣赏习惯，恰当地运用比喻手法，降低游客理解的难度，提高旅游兴趣。

（八）言之有礼

导游人员的讲解用语和动作、行为要文雅、谦恭，让游客获得美的享受。

二、导游讲解的常用方法

为了使自己成为游客的注意中心并将他们吸引在自己周围，导游人员必须讲究导游讲解的方式、方法，要善于结合游览活动的内容，编织讲解的故事情节，解释疑惑，创造悬念，引人入胜；要有的放矢，启发联想，触景生情；要有选择地介绍，采用有问有答、交流式的对话，努力将游客导入意境。

国内外导游界的前辈们总结出了很多行之有效的导游讲解方法和技巧,这里介绍几种常用的导游讲解方法。

(一)分段讲解法

导游人员在进行景点讲解时,对规模大的景点就不能面面俱到、平铺直叙地介绍了,而应采用分段讲解的方法。分段讲解法就是将一处大景点分为若干前后衔接的部分,分段讲解。首先,在前往景点的途中或景点入口处的示意图前用概述法介绍景点,使游客对将要游览的景物有个初步印象,达到"见树先见林"的目的,使之有"一睹为快"的要求,然后到现场顺次游览讲解。在讲解这一景物时注意不要过多涉及下一景物,但也要讲一点,目的是引起游客对游览下一景物的兴趣,并使导游讲解一环扣一环,让景物讲解处处扣人心弦。

(二)突出重点法

在导游讲解时避免面面俱到,采用突出某一方面的讲解方法。导游讲解时一般要突出下述四个方面:

1. 突出大景点中具有代表性的景观

游览规模大的景点,导游人员必须事先确定好重点景观。这些景观既要有自己的特征,又能概括全貌。实地参观游览时,导游人员应主要向游客讲解这些具有代表性的景观。

2. 突出景点的特征及与众不同之处

游客来到目的地旅游,要参观游览的景点很多,其中不乏一些与其他地方类似的景点。导游人员在讲解时必须讲清这些景点的特征及其与众不同之处,尤其是在同一次旅游活动中参观多处类似景观时,更要突出介绍其特征。

3. 突出游客感兴趣的内容

游客对什么最感兴趣,一般都有规律可循。导游人员在研究旅游团的资料时,要注意游客的需求差异,以便在游览时重点讲解旅游团内大多数成员感兴趣的内容。例如,外地的游客到云南旅游,要将云南傣族民俗风情中的"泼水节"作为重点进行介绍;而对云南本地的游客则要变动讲解内容,这样才能让不同的游客都有收获。

4. 突出"……之最"

面对某一景点,导游人员可根据实际情况,介绍这是世界或中国最大(最长、最古老、最高或最小等)的。因为这也是在介绍景点的特征,极易引起游客的兴趣。例如,讲长城要突出长城是世界上最宏大的古代人类建筑工程;讲河南少林寺要突出它是我国规模最大的"古塔群"。当然,为了突出重点,不能信口开河,所讲的内容应具有权威性、真实性。

(三) 触景生情法

导游人员不能就事论事地介绍景物,而要借题发挥,利用所见景物制造意境,引人入胜,使游客产生联想,从而领略其中之妙趣。例如,旅游团经过北京机场高速路上的四元立交桥时,导游人员可趁机介绍北京市政府为了改善城市交通,在全市修建了100多座立交桥和大量的过街天桥及地下通道的业绩,起到以点带面的作用。

(四) 问答法

问答法是指在导游讲解时,导游人员向游客提问题或启发他们提问题的导游方法,目的是活跃气氛,引起联想,从而避免导游人员"唱独角戏"的灌输式讲解。

问答法一般有自问自答法、我问客答法、客问我答法、客问客答法等。

1. 自问自答法

自问自答法是由导游人员自己提出问题并作适当停顿,让游客猜想,但不期待他们回答,这样只是为了吸引游客的注意力,促使游客思考,激起游客的兴趣,然后导游人员才做简洁明了的回答或做生动形象的介绍。这种方法通常适用于很难的、客人回答不出来的问题。例如,导游人员带旅游团游览西湖时,可以提问:"大家知道西湖的水为什么这样清澈纯净吗?"然后马上回答"这要从西湖的成因讲起:西湖在12000年以前还是与钱塘江相通的浅海湾,耸峙在西湖南北的吴山和宝石山,是环抱这个海湾的两个岬角。后来由于潮水的冲击导致泥沙淤塞,把海湾和钱塘江分隔开来,到了西汉时期西湖的湖形已基本固定,地质学上把这种由浅海湾因湾口被淤积浪沙封闭而成的湖泊叫潟湖。此后西湖承受山泉活水的冲刷,再经历过历代由白居易、苏东坡、杨孟瑛、李卫和阮元等发动的五次大规模的人工疏浚治理,终于从一个自然湖泊成为风光秀丽的半封闭的浅水风景湖泊。"

2. 我问客答法

我问客答法,即由导游人员提出问题,导游人员引导游客回答或讨论的方法。我问客答法要求导游人员善于提问题,所提的问题游客不会毫无所知,但会有不同的答案。通常要回答的内容不会很难,只要导游人员稍加提示,客人就可以回答出来。导游人员要引导客人回答,但不要强迫回答,以免尴尬。游客的回答不论对错,导游人员都不应打断,要给予鼓励,最后由导游人员讲解。

3. 客问我答法

客问我答法,即游客提出问题,导游人员回答游客问题的方法。导游人员要欢迎游客提问,这样可以减少导游人员的"独角戏",增加游客与导游人员交流的机会。当游客提出某一问题时,表示他们对某一景物产生了兴趣,导游人员对游客提出的问题不能显出不耐烦，而是要善于有选择地将提问和讲解有机地结合起来。导游人员要掌握主动权，不要让游客的提问干扰了导游人员的讲解，打乱了导游人员的安排，不能游客问什么就答什么，一般只回答一些与景点相关的问题。在引导游客提问时要巧妙地设定问题的范围。

4. 客问客答法

即游客提问，由导游人员引导其他游客回答问题的方法。有时当游客提出某一问题的时候，导游人员不立即作出回答，而是把这个问题又转给其他的游客，让其他的游客来回答，这样能调动游客的积极性。

导游人员在运用客问客答法时，要注意时间、地点和团队气氛。一般在游客玩得高兴或对某些问题颇感兴趣时，采用这种方法效果会更好。而当游客感觉疲倦和无聊时，对回答问题不会感兴趣。总之，该方法是上述四种问答法中难度最大的方法，要注意使用的场合，才会产生较好的效果。

（五）类比法

类比法就以游客熟悉的事物与眼前的景物比较，便于他们理解导游讲解的内容。类比法可分为同类相似类比和同类相异类比两种。

1. 同类相似类比

同类相似类比是将相似的两物进行比较，便于游客理解并使其产生亲切感。例如，秦代长城与明代长城的比较，八达岭长城与慕田峪长城的比较。

2. 同类相异类比

同类相异类比是将两种风物比出质量、水平、价值等方面的不同。例如，参观北京故宫时与法国的凡尔赛宫作比较，不仅让游客亲身感受到中国宫殿建筑与皇家园林的艺术美，也使游客对不同国家的文化差异有了进一步的认识。

正确、熟练地使用类比法，要求导游人员要有丰富的知识，熟悉客源地，对相比较的事物比较了解。正确运用类比法，可提高导游讲解的层次，提高导游质量。

（六）虚实结合法

虚实结合法就是导游人员在导游讲解中将典故、传说与景物介绍有机结合，即编织故事情节的导游讲解方法。就是说导游讲解故事化，从而产生艺术感染力，使气氛变得轻松愉快。这里的"实"是指景物的实体、实物、史实、艺术价值等，"虚"指的是与景点有关的民间传说、神话故事、趣闻逸事等。"虚"与"实"必须有机结合，以"实"为主，以"虚"为辅，并以"虚"加深"实"的存在。导游人员在选择"虚"的内容时要注意"精""活"。所谓"精"，就是所选传说是精华，与景观密切相关；所谓"活"就是使用时要活，见景而用，即兴而发。在我国，几乎每一个景点都有一段美丽的传说，如三峡风光中有"神女峰"的故事，九寨沟有动人的爱情佳话，杭州西湖有"西湖明珠从天降，龙飞凤舞到钱塘"的美丽传说等等。

（七）画龙点睛法

画龙点睛法即用凝练的词句概括所游览景点的独特之处，给游客留下突出印象的导游讲解方法。游客边听导游人员讲解边观赏景物，既看到了"林"，又欣赏了"树"，一般都会有一番议论。导游人员这时可做适当总结，以简练的语言，甚至几个字来点出景物精华之所在。例如，在讲解青岛时，用"红瓦、绿树、碧海、蓝天"来形容青岛的风光特点。

三、各类景观讲解技巧

（一）山岳景观

山岳景观是以自然山体为主构成的景观。通常具有雄、险、秀、幽、奇等美学特征。山岳景观除自然美之外，往往还含有丰富的文化遗存，构成自然和人文的巧妙结合。山岳景观是构成中国风景名胜区的主要类型，是游览的主要对象。

1. 山岳景观的分类

（1）按构成景观的岩石性质，山岳景观可分为：花岗岩型（如黄山、华山）、火山岩型（如雁荡山）、层状硅铝质岩型（如张家界、武夷山）、碳酸盐岩型（如云南石林）、变质岩型（如泰山）和黄土型。

（2）按旅游功能可分为：风景名山型（如崂山、嵩山）、探险型（如珠穆朗玛峰）、消夏避暑型（如河南鸡公山）、登山健身型（如北京香山）、滑雪度假型（如长白山）、火山观光型（如内蒙古察哈尔火山群）等。

2. 山岳景观的讲解服务技巧

山岳景观的讲解应该以山岳的外观体征给游客带来的美感、山岳的成因以及山岳所包含的文化底蕴等作为重点。

具体来说，山岳景观的讲解思路应该是：采取移步换景的方法，结合不同的季节、不同的气候条件以及一天中的不同时段，分别讲解出山岳名称的由来、所处的地理位置、高度、所占面积、同类景观中的排名、成因、与之相关的文化内涵、给游客带来的审美情趣。

（1）抓住山岳景观外部形态特征，讲解出景观的美感

① 形态美。山岳是自然界地壳变迁和水流冲刷的结果，大自然的鬼斧神工造就了其千姿百态的形态，给人们带来了不同的美，再加上气候等原因的综合作用，山岳形态美的内容就更加丰富了，这是山岳景观的主要魅力。

② 色彩美。山岳景观的色彩主要来源于两个方面，一是山石本身呈现出不同的颜色，如丹霞地貌就是由红色砂砾岩构成"赤壁丹崖"的奇观；二是因山岳附着物不同而形成的不同色彩，如苍翠的森林、银白的冰雪、烂漫的山花等，均可与山岳合成一幅幅色彩鲜明的画卷。

③ 动态美。山岳景观本身是处于一种静止状态的，但如果换个角度来欣赏，会让人感受到山岳动态变化的美。

④ 听觉美。山岳景观中的茂密林海在山风吹动下所产生的阵阵涛声，山中溪水奔流而下的潺潺水声，山间林中飞鸟的鸣叫声等等，常常给人们的听觉带来意想不到的感受，从而领略一种别样的美。

(2) 从地质构造讲解其成因

按山岳岩石性质的不同，可以将山地分为：

① 花岗岩山体。花岗岩是由地下深处炽热的岩浆上升失热冷凝而成。其凝结的部位，一般都在距地表 3000 米以下。花岗岩岩浆冷凝成岩并隆起成山，大致可分为冷凝成岩和深成阶段、上升到接近地表风化阶段、继续上升出露地表形成山地并接近剥蚀阶段。

我国的花岗岩山体分布广泛，集中分布在云贵高原和燕山山脉以东的第二、三级地形阶梯上。以海拔 2500 米以下的中低山和丘陵为主，其他一些山地也有分布。其中许多已成为国家风景名胜区和自然保护区。

② 喀斯特地貌。喀斯特地貌是具有溶蚀力的水对可溶性岩石进行溶蚀等作用所形成的地表和地下形态的总称，又称岩溶地貌。除溶蚀作用以外，还包括流水的冲蚀、潜蚀，以及坍陷等机械侵蚀过程。

我国喀斯特现象的文字记载，可追溯到 2400 年前。距今约 300 多年前，徐霞客已专门研究并记述了南方喀斯特地形与洞穴。

广东肇庆七星岩有七座石灰岩山峰形如北斗七星，山前星湖潋滟，山多洞穴，洞中多有暗河、各种奇特的溶洞堆积地貌。

广西桂林山水和阳朔风光主要是以石芽、石林、峰林、天生桥等地表喀斯特景观著称于世，并且是山中有洞，"无洞不奇"。

这些地方既可以进行旅游观光又可以进行科研考察，是旅游观光的明珠，是科学研究的宝库。

③ 丹霞地貌。丹霞地貌是指由陆相红色砂砾岩构成的具有陡峭坡面的各种地貌形态。形成的必要条件是砂砾岩层巨厚，垂直节理发育。

广东省韶关市东北的丹霞山以赤色丹霞为特色，由红色砂砾陆相沉积岩构成，是世界"丹霞地貌"命名地，在此设立的"丹霞山世界地质公园"，2004 年经联合国教科文组织批准为中国首批世界地质公园之一。中国的丹霞地貌广泛分布在热带、亚热带湿润区，温带湿润-半湿润区，半干旱-干旱区和青藏高原高寒区。2010 年 8 月，湖南崀山、广东丹霞山、福建泰宁、江西龙虎山、贵州赤水、浙江江郎山等六个因"色如渥丹，灿若明霞"而命名的丹霞地貌，被联合国世界遗产委员会一致同意列入《世界遗产名录》。

④ 砂岩峰林峡谷景观。大凡有大片砂岩的地方皆是地质历史上的海滨海滩，经过漫长过程的沉积之后被积压胶结而成为砂岩。后因为地壳上升运动而成为陆地，如果上升的幅度很大，便被抬升，成为丘陵山地。后又经漫长过程的雨水河水冲刷破坏，使原来完整的砂岩山地被切割成许多山峰，而成为砂岩峰林；而被风化侵蚀掉的那部分砂岩变成了泥沙，被流水重新带回大海，形成了许多纵横交织的峡谷，于是由石英砂岩所构成的山地就形成了砂岩峰林峡谷地貌。

砂岩峰林地貌的特点是：奇峰林立，造型生动，峡谷纵横，植被茂密，以我国湘西武陵源的张家界最典型最有名。

（3）从人文因素讲解其内涵

中国名山遍布神州大地。每一座名山，几乎都与历史文化紧密相连。因而，导游人员在讲解过程中，要充分重视自然与人文内容，才能不落俗套，不会止于浅表。

① 历史文化丰富自然景物美的意蕴。中华文明五千年，源远流长，在漫长的历史长河中，发生的重大历史事件、涌现出的英雄人物层出不穷，留下的历史文化遗迹更是比比皆是。书法、传说、诗词歌赋等不仅仅是对山地的真实反映，也是对山地景物的提升。如五岳无不是在中华历史文化长时间的熏陶下，由风景名山转为历史文化名山。

文化塑造了名山，是我们了解名山的有效手段。比如，诗词歌赋能够帮助人们从单纯的自然风景中体会到诗情画意，既有感性的含蓄美，又有理性的形象美。如杜甫的《望岳》，苏轼的《题西林壁》等。

② 宗教文化升华审美品位。山不在高，有仙则灵。在中国众多名山中，隐藏着众多的寺庙。山因为寺而显得更有灵气，寺因山而显得更神秘，形成了中国自古以来旅游的基本模式——游山玩水，寻古访寺。

寺庙建筑大多依山而建，其中包括殿、堂、塑像、壁画等，与自然景观和谐交融，充实了游客对自然景观的审美感受。如恒山的悬空寺，整个寺庙建筑不设地基，全部是在悬崖绝壁上凿洞插梁为基，楼阁内以栈道相遇，与山的"险峻"交相呼应。在讲到名山宗教时，我们应用马克思主义唯物史观来对待，在尊重宗教信仰自由的前提下用健康的心态来对待宗教传统文化。

③ 重大事件增强吸引力。除了传统文化和宗教文化与名山联系很紧密外，还有一些因素也对名山产生重要影响。如中国近代革命、社会主义建设或某些重大事件等。江西井冈山有很多革命人文景观，人们在井冈山不仅可以欣赏秀丽的风光，而且可以接受红色文化教育，感悟井冈山精神。这可以增强人们对中国共产党和社会主义祖国的热爱，增强民族凝聚力。还能加深国际游客对我们的了解，增进双方友谊，促进友好

往来。

(二) 水体景观

以自然水体为主构成的景观有观赏、游乐、康疗、度假等旅游功能。水体景观按其性质分为：江河型（如桂林漓江）、湖泊型（如江西鄱阳湖）、瀑布型（如贵州黄果树瀑布）、泉水型（如山西晋祠难老泉）和海洋型等水体景观。

1. 水体景观讲解服务基本要求

（1）分析游客旅游动机，灵活运用讲解方法。不同游客文化层次不同，旅游动机也不同，因而在水体景观游览中，游客获得的美感和感悟也存在很大差别。这就要求导游人员要抓住旅游地水体景观的特色，制订合理的旅游路线，选择不同的讲解方法，灵活运用。

（2）全面了解水体的风格与差异。同为水景，因为水的类型不同，带给人们的景致也不同。

2. 水体景观的讲解服务技巧

水体景观导游应注意从以下几方面来引导游客领略大自然水景之美。

（1）从视觉角度欣赏水体景观的万千姿态。水有不同的存在地域和方式，从美学角度分析，海洋、江河、流泉、瀑布以动态为主，湖泊则多以静态为主。水的形态千变万化，成为构成水景吸引力的主要因素之一。游客可以直观感受水的形态美，是静如西子，还是动如龙腾，是飞流直下，还是蜿蜒曲折，不同的形态有各自美的含义和韵味。

水是透明的，无色无味的，但水体景观各有各的色彩。如九寨沟的五彩池、五花海等等，给人带来不同凡响的视觉盛宴。

（2）从听觉角度聆听水体景观的奇妙音符。水在流动、涌动的时候就会有声音，泉水叮咚、溪水潺潺、瀑布轰鸣，或急或缓，或高或低，每种水流，都有其不同的节奏，就像音符在水间跳跃，这种美妙的声音能带给游客无限的遐想和愉悦。

（3）从触觉角度体会水体景观的温与凉。不同的水体会因为地域不同或源头不同，而产生不同的水温。当人们伸手与大自然之水亲密接触的时候，就会感受到它的温度，有的清冽如冰，有的微凉如玉，有的温润如肤，有的却炙热如汤。

（4）从味觉角度体味水体景观的甘甜。在各种自然景观中，水是可以用味觉来体验的景物之一。大自然中未经污染的水，如泉、溪、河等水质清冽甘甜，往往含有丰富的微量元素，如青岛崂山的矿泉水、杭州虎跑泉水、济南趵突泉水等均为甘甜醇厚的泉水，是酿酒、泡茶和饮料加工的理想水源。

（5）从历史人文角度体会水体景观的文化底蕴。名泉、名瀑作为自然界绝佳的水体景观，历来是文人墨客吟诵的对象。景区内的诗文题刻，以及亭台楼阁等人文建筑，大大提升了景区的文化内涵。

(三) 中国古代建筑景观

1. 中国古代建筑基本特征

中国古代建筑采用木构架为主的结构方式，以众多的单体建筑组合成为一组建筑群体。单体建筑大致可以分为屋基、屋身、屋顶三个部分，屋顶形式丰富多彩。

中国古代建筑具有深厚的历史文化价值，了解中国古代建筑景观，能够使人们获取知识，陶冶情操，弘扬民族文化，延续历史文脉，唤起人们的爱国热情。

2. 中国古代建筑的讲解思路

中国古代建筑具有悠久的历史和光辉的成就。对我国古代建筑的赏析是导游人员引导游客游览古建筑类景区必备的技能之一。我国古代建筑类别繁多，特征丰富，因此要做好古建筑景区的讲解，除了要具备一定的常识外，还要注重讲解的思路。一般来说，要从以下几个方面入手：

（1）讲清历史背景，注意时代特征。建筑艺术是时代的产物，是典型的"历史载体"，它与一定的社会条件是分不开的。作为一名导游人员，要掌握中国历史文化知识，了解其历史背景，才能生动形象地向游客讲解其文化内涵。

（2）讲清建筑特点，注意建筑内涵。中国古代建筑都有一定的特点，一个优秀的古代建筑导游人员应能够将建筑的内涵向游客作出解释，从而让游客从文化的角度深层次地了解中国古建筑。

（3）讲清景观细节，注意建筑功能。中国古代建筑景观形式多样、内涵深厚，无论是主体建筑还是配套建筑，无论是建筑小品还是建筑构件，都具有一定的意义和相当强的使用功能，在导游过程中要讲解清楚、分析到位，这"凝固的音乐"才会优美动听。

（4）从审美角度看古建筑。导游讲解需要审美，古建筑审美主要需把握建筑特色、细节特色、民俗文化等方面的问题。

(四) 中国古典园林景观

中国古典园林是指以江南私家园林和北方皇家园林为代表的中国山水园林形式，在世界园林发展史上独树一帜，是全人类宝贵的历史文化遗产。

1. 中国古典园林景观的艺术特色

（1）讲求园艺，师法自然。师法自然，在造园艺术上包含两层内容。一是总体布局、组合要合乎自然。山与水的关系以及假山中峰、涧、坡、洞各景象因素的组合，符合自然界山水生成的客观规律。二是每个山水景象要素的形象组合合乎自然规律。如假山、峰峦是由许多小的石料拼叠合成，叠砌时仿天然岩石的纹脉，尽量减少人工拼叠的痕迹；水池常作自然曲折、高下起伏状；花木布置疏密相间，形态天然；乔灌木错杂相间,追求天然野趣。

(2) 分隔空间,融于自然。中国古代园林用种种办法来分隔空间,其中主要是用建筑来围蔽和分隔空间。分隔空间力求从视觉上突破园林实体的有限空间的局限性,使之融于自然,表现自然。比如漏窗的运用,使空间流通、视觉流畅,因而隔而不绝,在空间上起到相互渗透的作用。

(3) 园林建筑,顺应自然。中国古代园林中,有山有水,有堂、廊、亭、台、楼、阁等建筑。所有建筑,形与神都与天空、地下自然环境吻合,同时又使园内各部分相接,使园林体现自然、淡泊、恬静、含蓄的艺术特色。

(4) 树木花卉,表现自然。与西方园林不同,中国古代园林对树木花卉的处理和安设,讲究表现自然。树枝弯曲自如,花朵迎面扑香,形与神、意与境都十分注重表现自然。

2. 中国古典园林景观的讲解技巧

中国古典园林景观凝聚了古代社会人们对生存空间的一种向往,是人们的审美观念、社会的科学技术水平的综合反映。讲解时应尊重自然,注意结合实地情况。一般来说,要从以下几个方面入手:

(1) 讲清历史背景,解读园林名称。悠久的文化历史、特定的文化背景决定着中国园林的风格特点。导游人员要了解与之相关的史料背景,包括政治、经济、社会等条件,熟悉其历史发展沿革。特别要重视对园林名称的理解,不少园林的名称往往是造园者的理念、情趣、爱好和造园指导思想的集中体现,应重点介绍。

(2) 讲清艺术特点,品出园林意境。中国园林在不断发展中逐渐形成了独特的艺术风格,即布局匀称、错落有致、交相辉映、山水交融,富有浓郁的诗情画意,体现了人与自然的和谐相处。导游人员带领游客参观过程中要让游客感受到中国园林造园的艺术特点和独特魅力,品位园林深层次的意境。

(3) 讲清景点内涵,领会构景匠心。园林景观凝聚着设计者的思想,每个景点体现着设计者智慧的火花,并镌刻着时代的烙印。导游人员要学会透过各种构园手法和构景方式,解读造园者的艺术匠心及抒情意境,把景点的内涵讲给游客,通过一个景点让游客去认识园林内在的思想感情,领略园林景观文化的博大精深。

(五) 博物馆景观

博物馆是征集、典藏、陈列和研究代表自然和人类文化遗产实物的场所。博物馆是对那些有科学性、历史性或者艺术价值的物品进行分类,为公众提供知识、教育和欣赏的文化教育机构、建筑物、地点或者社会公共机构。

1. 博物馆讲解服务基本要求

如果说博物馆是沟通文化的桥梁,那么,博物馆的讲解就是引导民众穿越历史、跨过时空、抵达文化彼岸的指南。博物馆讲解最应该做到的,是向观众传递他们最期待、最感兴趣、最易接受的信息。要让博物馆讲解词能抓住观众的注意力,使他们产生兴趣,需要导游人员有充足的专业知识导游人员应熟悉博物馆的发展历史及陈列,做到客观讲解,有针对性地进行讲解,做到专业性、知识性、趣味性并重。

2. 博物馆讲解服务要领

(1)做好知识准备,要做到"点""线"结合。博物馆是进行历史文化和各种专业知识教育的重要场所,必须以扎实、丰富的相关知识作为讲解服务的基础。由于博物馆中所蕴含的知识涉及面非常广泛,这就需要导游人员在储备丰富的馆藏展品知识的基础上,根据参观游览者的具体情况,有针对性地选择合适的点和线,进行点、线结合的讲解。

(2)熟悉博物馆相关的陈列内容。博物馆相关的陈列内容包括:陈列顺序、陈列类别、所在位置、揭示的主题等。

(3)客观讲解,借题发挥。在充分尊重博物馆陈列品客观性的基础上,体现其艺术性。

(4)深入浅出,通俗易懂。博物馆馆藏展品知识一般都比较深奥难懂,对于一般的参观游览者来说,理解起来有一定的难度。导游人员在进行讲解时要尽量避免使用大量的专业术语和词汇,要做到深入浅出,运用通俗易懂的语言将展品讲清楚、说明白。

(5)知识性、趣味性并重。博物馆讲解在重视知识传授的同时,必须注意讲解的生动、有趣,寓教于乐,让参观游览者在轻松愉悦的氛围中,达到学习知识、陶冶情操、怡情养性的目的。

第三节 导游带团技能

导游人员的带团技能是导游人员根据旅游团的整体需要和不同游客的个别需要,熟练运用能提高旅游产品使用价值的方式、方法和技巧的能力。它贯穿于旅游活动的全过程之中,其高低直接影响导游服务的效果。

一、导游人员带团的基本原则

导游人员带团时,一般应遵循以下原则:

(一)游客至上原则

导游人员在带团过程中,要有强烈的责任感和使命感,工作中要明辨是非曲直,任何情况下都要严格遵守职业道德,遇事多从游客的角度去思考,将维护游客的合法利益摆在首位。

（二）履行合同原则

导游人员带团要以旅游合同为基础，是否履行旅游合同的内容，是评价导游人员是否尽职的基本尺度。一方面，导游人员要设身处地为游客考虑；另一方面，导游人员也应考虑到本企业的利益。履行合同时力争使游客在合同约定的范围内获得优质的服务，使旅行社获取应得的利益。

（三）公平对待原则

尊重他人是人际交往中的一项基本准则。不管游客是来自境外或境内，也不管游客的肤色、语言、信仰、消费水平如何，导游人员都应一视同仁，公平对待。特别是不应对一些游客表现出偏爱，从而造成旅游团队内部关系的紧张，影响导游服务的正常进行。

二、确立导游人员在旅游团中的主导地位

旅游团队是由素不相识的、各种各样的游客构成的临时性和松散性的团体。导游人员在带团过程中应该尽快确立自己在旅游团中的主导地位，这是带好一个旅游团的关键。导游人员只有确立了主导地位并取得了游客的信任，才能具有凝聚力、影响力和调控力，才能真正带好一个旅游团。

（一）以诚待人，热情服务

导游服务具有周期性短的特点，导游人员每接一个团与游客接触的时间都不长，难以"日久见人心"，因此，导游人员要尽快与游客建立良好的人际关系，这样才能顺利开展工作。真诚对待游客是建立良好人际关系的感情基础，当导游人员的真诚和热情被游客认可，就能赢得游客的好感与信赖。

真诚和热情有时还能弥补导游工作中的某些不足，当游客认定导游人员是真心维护他们的利益时，即使遇到了问题，他们也会持合作的态度。

（二）换位思考，宽以待客

换位思考是指导游人员站在游客的角度，以"假如我是游客"的思维方式来理解游客的所想、所愿、所求和所为，从而做到"宽以待客"，想方设法满足游客的要求，理解他们的"过错"或"苛求"。由于客观存在的物质条件、生活水平的差距，往往游客在客源地很容易办到的事情到目的地就很难办到，甚至成了"苛求"。如果导游人员能站在游客的角度，对游客提出的种种要求平心静气地对待，努力寻找其中的合理成分，尽力使游客的要求得到满足，即使是"苛求"也一定能妥善地加以处理。

(三) 树立威信，善于"驾驭"

由于导游服务是一种组织游客进行各种旅游活动的积极行为，因此导游人员必须是旅游团的主导者，对旅游团具有"驾驭"能力。导游人员要确立自己在旅游团中的威信，主导游客的情绪和意向，努力使游客的行为趋于一致，使一个临时组成的松散的游客群体成为一个井然有序的旅游团队。

三、导游带团的基本技能

(一) 树立良好的导游形象

树立良好形象是指导游人员要在游客心目中确定可信赖、可以帮助他们和有能力带领他们安全、顺利地在旅游目的地进行旅游活动的形象。导游人员在游客心目中树立良好的导游形象，主要还是要靠自己的主观努力和实际行动。

1. 树立良好的第一印象

对于游客来说，遇到一个好的导游人员就会带来一次愉快成功的旅行。迎接游客是导游人员与游客接触的开始，第一印象的好坏常常不知不觉成为判断一个人的依据，特别是短期接触。正可谓"先入为主"，导游人员使游客产生的第一印象往往会左右游客在以后的旅游活动中的判断和认识。良好的第一印象可为以后导游服务的顺利开展铺平道路。

导游人员从在机场（车站、码头）第一次接触游客起就必须注意树立自己的形象，要庄重、态度热情、充满自信、办事稳重干练，不仅要注意外表的形象和态度对游客心理的影响，而且要以周密的工作安排、良好的工作效率给游客留下美好的第一印象。从机场（车站、码头）到饭店的交通工具、行李运送、住房、用餐都要妥善安排，迅速地满足游客的要求，同时还应特别注意在细微之处关心游客，如提醒游客再检查一下随身携带的行李物品，就近上一下洗手间。导游人员在接团前如能记住团里游客的特征、姓名，迎客时就能叫出他们的名字，游客就会迅速消除初到异地时的茫然感，增强安全感和信任感。这是导游服务成功的良好开端，也为以后在服务中遇到问题时能圆满处理奠定了一定的感情基础。但是，导游人员真正的第一次"亮相"是在致欢迎辞的时候，在这个时候，游客才逐渐消除对导游人员的陌生感、距离感。因此，导游人员必须花大力气全力致好欢迎辞，它可以尽快缩短导游人员与游客的心理距离，增进感情，创造一种良好的导游气氛和环境。

2. 保持良好的形象

导游人员必须明白良好的第一印象不会"一劳永逸"，应在以后的服务中注意维护和保持自己的良好形象。形象的塑造是一个动态过程，要贯穿于导游服务全过程。为适应游客心理上对导游人员的期望，导游人员要始终表现出自信、精神饱满、衣着得体、沉着果断、办事利落、讲解知识丰富、语言得体；切记不懂装懂、狂妄自大、说话随便，对游客的承诺一定要兑现。要自始至终用使游客满意的行为来加深、巩固良好形象。

3. 留下美好的最终印象

同第一印象一样，导游人员留给游客的最终印象也非常重要，若导游人员给游客的最终印象不好，就可能前功尽弃。一个游程下来，尽管导游人员已感到很疲惫，但从外表上仍然要保持精神饱满而且热情不减，这一点常令游客对整个游程抱肯定和欣赏的态度，同时导游人员要针对游客此时开始想家的心理特点，提供周到的服务，不厌其烦地帮助他们，如选购商品、捆扎行李等。致欢送辞时，要对服务中的不尽如人意之处，深表歉意，诚恳地请他们代为问候亲人。导游人员此时以诚相待是博取游客好感的最佳策略，在仪表方面要与迎客时一样着正装，送别时要行注目礼或挥手示意。良好的最终印象能使游客对即将离开的旅游地和导游人员产生一定的恋恋不舍的心情，从而激起再游的动机，可起到良好的宣传作用。

（二）把握游客的心理变化

游客来到异地旅游，摆脱了在家乡紧张的生活、繁琐的事务，希望自由自在地享受愉快的旅游生活。由于生活环境和生活节奏的变化，在旅游的不同阶段，游客的心理活动也会随之发生变化。

1. 旅游初期阶段：求安全心理、求新心理

游客刚到旅游地，兴奋激动，但人生地不熟、环境不同，往往容易产生孤独感、茫然感和不安全感。也就是说，在旅游初期阶段，游客求安全的心态表现得非常突出，因此，消除游客的不安全感成为导游人员的首要任务；人们旅游，其注意力和兴趣从日常生活地转移到旅游目的地，全新的环境、奇异的景物、独特的民俗风情，使游客逐新猎奇的求新心理空前高涨。所以在消除游客不安全心理的同时，导游人员要合理安排活动，满足他们的求新心理。

2. 旅游中期阶段：懒散心态、求全心理、群体心理

随着时间的推移、旅游活动的开展以及相互接触的增多，旅游团成员间、游客与导游人员之间越来越熟悉，游客开始感到轻松愉快，会产生一种平缓、轻松的心态。正由于这种心态，游客的个性充分暴露，可能会产生一定的矛盾。

导游人员在旅游中期阶段的工作最为艰巨，也最容易出差错。因此，导游人员的精力必须高度集中，对任何事都不得掉以轻心。与此同时，这个阶段也是对导游人员组织能力和独立处理问题能力的实战检验，是对其导游技能和心理素质的全面检阅，所以每个导游人员都应十分重视这个阶段的工作。

3. 旅游后期阶段：忙于个人事务

旅游活动后期，即将返程时，游客可能会希望有时间处理个人事务，比如想购买称心如意的纪念品但又怕行李超重等。在这一阶段，导游人员应给游客留出充分的时间处理自己的事情，对他们的各种疑虑要尽可能耐心地解答，必要时做一些弥补和补救工作，使前一段时间未得到满足的个别要求得到满足。

（三）加强与其他相关旅游服务部门和工作人员的协作

1. 导游人员与领队的协作

在旅游团中，领队既是境外旅行社的代表，又是游客的代言人，还是导游服务集体中的一员，在境外社、组团社和接待社之间以及游客和导游人员之间起着桥梁的作用。导游人员能否圆满完成任务，在很大程度上要靠领队的合作和支持，因此，搞好与领队的关系就成为导游人员不能忽视的重要内容。

（1）尊重领队，遇事与领队多磋商

带团旅游的领队，多数是职业领队，在旅行社任职多年并受过专业训练，对我国的情况尤其是我国旅游业的业内情况相当熟悉。他们服务周到细致，十分注意维护组团社的信誉和游客的权益，深受游客的信赖。旅游团抵达后，全陪、地陪要尽快与领队商定日程，如无原则问题应尽量考虑采纳领队的建议和要求。在遇到问题时，全陪、地陪更要与领队磋商，争取领队理解和支持。

（2）关心领队，支持领队的工作

职业领队常年在异国他乡履行自己的使命，当领队的工作不顺利时，导游人员应主动助其一臂之力，能办到的事情尽量给予帮助，办不到的多向游客作解释，为领队解围。但要注意，支持领队的工作并不是取代领队，导游人员应把握好尺度。

（3）调动领队的积极性

导游人员要注意在一些显示权威的场合，多让领队尤其是职业领队出头露面，使其博得游客们的好评。调动领队的积极性，如游览日程商定后，全陪、地陪应请领队向全团游客宣布。

（4）争取游客支持，避免与领队正面冲突

在导游服务中，接待社导游人员与领队在某些问题上有分歧是正常现象。一旦出现此类情况，接待社导游人员要主动与领队沟通，力求及早消除误解，避免分歧扩大。一般情况下，接待社导游人员要尽量避免与领队发生正面冲突。

在入境旅游团中也不乏工作不熟练、个性突出且难于合作的领队。对此，导游人员要沉着冷静，坚持原则，分清是非，对违反合同内容、不合理的要求不能迁就；对于某些"过火"的言辞不能置之不理，要根据"有理、有利、有节"的原则讲清道理，使其主动道歉，但要注意避免与领队发生正面冲突。

2. 导游人员与司机的协作

旅游车司机在旅游活动中扮演非常重要的角色，司机一般熟悉旅游线路和路况，经验丰富，导游人员与司机配合得好坏，是导游服务工作能否顺利进行的重要因素之一。

（1）及时通报信息

旅游线路有变化时，导游人员应提前告诉司机；如果接待的是外国游客，在旅游车到达景点时，导游人员用外语向游客宣布集合时间、地点后，要记住用中文告诉司机。

（2）协助司机做好安全行车工作

大部分旅游车的司机具有丰富的驾驶经验，可以胜任旅游团的安全驾驶任务。但有些时候，导游人员适当给予协助能够减轻司机的工作压力，便于工作更好开展。可经常为司机做一些小的事情。

（3）与司机研究日程安排，征求司机对日程的意见

导游人员应注意倾听司机的意见，从而使司机产生团队观和被信任感，积极参与导游服务工作，帮助导游人员顺利完成带团的工作任务。

3. 全陪与地陪的协作

无论是做全陪或地陪，都有与另一个地陪或全陪配合的问题。协作成功的关键便是各自应把握好自身的角色或位置，要有准确的个人定位。要认识到，虽受不同的旅行社委派，但都是旅游服务的提供者，都在执行同一个协议。全陪与地陪的关系是平等的。

导游人员正确的做法应该是：首先，全陪或地陪要尊重对方，努力与合作者建立良好的人际关系；其次，要善于向对方学习，有事多请教；此外，要坚持原则，平等协商。如果全陪或地陪提出改变活动日程、减少参观游览时间、增加购物等不正确的做法，应向其讲清道理，尽量说服并按计划执行，如对方仍坚持己见、一意孤行，应采取必要的措施并及时向接待社反映。

4. 导游人员与旅游接待单位的协作

旅游产品是一种组合性的整体产品，不仅包括沿线的旅游景点，还包括沿线提供的交通、食宿、购物、娱乐等各种旅游设施和服务，需要旅行社、饭店、景点和交通、购物、娱乐部门等旅游接待单位高度协作。作为旅行社的代表，导游人员应搞好与旅游接待单位的协作。

（1）及时协调，衔接好各环节的工作

导游人员在服务过程中，要与饭店、车队、机场（车站、码头）、景点、商店等许多部门和单位打交道，其中任何一个接待单位或服务工作中的某一环节出现失误和差错，都可能导致"一招不慎，满盘皆输"。导游人员在服务工作中要善于发现或预见各项旅游服务中可能出现的差错和失误，通过各种手段及时予以协调，使各个接待单位的供给正常有序。譬如，旅游团活动日程变更涉及用餐、用房、用车时，导游人员要及时

通知相关的旅游接待单位并进行协调,以保证旅游团的食、住、行能有序地衔接。

(2) 主动配合,争取协作单位的帮助

导游服务工作的特点之一是独立性强,导游人员一人在外独立带团,难免会有意外、紧急情况发生,仅靠导游人员一己之力,往往问题难以解决,因此导游人员要善于利用与各地旅游接待单位的协作关系,主动与协助单位有关人员配合,争取得到他们的帮助。譬如,迎接散客时,为避免漏接,导游人员可请司机站在另一个出口处举牌帮助迎接;又如,旅游团离站时,个别游客到达机场后发现自己的贵重物品遗放在饭店客房内,导游人员可请求饭店协助查找,找到后将物品立即送到机场。

四、特殊旅游团队接待技巧

特殊游客或重点游客,导游人员必须给予重视和特别关照。虽然他们都是以普通游客的身份而来,但接待方法有别于一般的游客。对这类旅游团队的接待,除按普通旅游团队服务程序操作外,还应根据每个团队不同的特点,采取更个性化的接待方式,才可能获得最佳的效果。

(一) 对儿童的接待

出于增长见识、健身益智的目的,越来越多的游客喜欢携带自己的子女一同到目的地旅游,其中不乏一些少年儿童。导游人员应在做好旅游团中成年游客旅游工作的同时,根据儿童的生理和心理特点,做好专门的接待工作。

1. 注意儿童的安全

儿童游客,尤其是2~6岁的儿童,天生活泼好动,因此要特别注意他们的安全。比如导游人员可酌情讲些有趣的小故事吸引他们,既活跃了气氛,又使他们不到处乱跑,保证了安全。

2. 掌握"四不宜"原则

对有儿童的旅游团,导游人员应掌握"四不宜"的原则:

(1) 不宜为讨好儿童而给其买食物、玩具;

(2) 不宜在旅游活动中突出儿童而冷落其他游客;

(3) 即使家长同意也不宜单独把儿童带出活动;

(4) 儿童生病,应及时建议家长请医生诊治,而不宜建议其给孩子服药,更不能提供药品给儿童服用。

3. 对儿童多给予关照

导游人员对儿童的饮食起居要特别关心,多给一些关照。如天气变化时,要及时提醒家长给孩子增减衣服,如果天气干燥,还要提醒家长多给孩子喝水等等;用餐前,考虑到儿童的个子小,或者外国儿童可能不会使用中餐用具等。导游人员应先给餐厅打电话，请餐厅准备好儿童用椅和刀、叉、勺等一些儿童必备用具，以减少用餐时的不便。

4. 注意儿童的接待价格标准

对儿童的收费，根据不同的年龄，有不同的收费标准和规定，如：机（车、船）票，住房，用餐等，导游人员应特别注意。

（二）对高龄游客的接待

在我国入境旅游和国内旅游市场，老年游客均占有较大的比例，而在这些老年游客中还有年龄在80岁以上的高龄游客。尊敬老人是我们中华民族的传统美德，因此，导游人员应通过谦恭尊敬的态度、体贴入微的关怀以及不辞辛苦的服务做好高龄游客的接待工作。

1. 妥善安排日程

导游人员应根据高龄游客的生理特点和身体情况，妥善安排好日程。首先，日程安排不要太紧，活动量不宜过大、项目不宜过多，在不减少项目的情况下，尽量选择便捷路线和有代表性的景观，少而精，以细看、慢讲为宜；其次，应适当增加休息时间。参观游览时可在上、下午各安排一次中间休息，在晚餐和看节目之前，应安排回饭店休息一会儿，晚间活动不要回饭店太晚；此外，带高龄游客团不能用激将法，以免消耗体力大，发生危险。

2. 做好提醒工作

高龄游客由于年龄大，记忆力可能减退，导游人员应每天重复讲解第二天的活动日程并提醒注意事项。如预报天气情况，提醒增减衣服，带好雨具，穿上旅游鞋等。进入游人多的景点时，要反复提醒他们提高警惕，带好自己的随身物品；为了使用方便或不被人蒙骗，导游人员应提醒他们准备适量的小面值人民币；此外，由于饮食习惯和生理上的原因，带高龄游客团队，导游人员还应适当增加去厕所的次数。

3. 注意放慢速度

高龄游客大多数走路较慢，有的甚至力不从心。导游人员在带团游览时，一定要注意放慢行走速度，照顾走得慢或落在后面的高龄游客，选台阶少，较平坦的地方走，以防摔倒碰伤；在向高龄游客讲解时，导游人员也应适当放慢速度、加大音量、吐字清楚，必要时还要多重复。

4. 耐心解答问题

高龄游客在旅游过程中喜欢提问题，好刨根问底，容易一个问题重复问几遍，遇到这种情况，导游人员不应表示反感，要耐心、不厌其烦地给予解答。

5. 预防游客走失

每到一个景点，导游人员要不怕麻烦，反复多次地告诉高龄游客旅游路线及旅游车停车的地点，尤其是上下车地点不同的景点，一定要提醒高龄游客记住停车地点；另外，还要提前嘱咐高龄游客，一旦发现找不到团队，千万不要着急，不要到处乱走，要在原地等待导游人员的到来。

6. 尊重习惯

许多老年游客，在旅游活动中不愿过多受到导游人员的特别照顾。因此，导游人员应了解这类老年游客的心理特点，尊重他们的习惯，注意照顾方式。

（三）对残疾游客的接待

在接待残疾游客时，导游人员要特别注意方式方法，既要热情周到，尽可能地为他们提供方便，又要不给他们带来压力，真正做到让其乘兴而来、满意而归。

1. 适时、恰当的关心照顾

接到残疾游客后，首先，导游人员应适时地询问他们需要什么帮助，但不宜问候过多，如果过多当众关心照顾，反而会使他们反感；其次，如果残疾游客不主动介绍，不要打听其残疾的原因，以免引起不快；此外，在工作中要时刻关注残疾游客，注意他们的行踪，并给予恰当的照顾。在安排活动时，要多考虑残疾游客的生理条件和特殊需要，譬如选择路线时尽量不走或少走台阶、提前告诉他们洗手间的位置、通知餐厅安排在一层餐厅就餐等。

2. 具体、周到的导游服务

对不同类型的残疾游客，导游服务应具有针对性。如接待听力障碍的游客要安排他们在车上前排就座，因为他们需要通过导游人员讲解时的口形来了解讲解的内容。为了让他们获得更多的信息，导游人员还应有意面向他们放慢讲解的速度。对走路不便的游客，导游人员应根据接待计划分析游客是否需要轮椅，如需要应提前做好准备。接团时，要与计调或有关部门联系，最好派有行李箱的车，以便放轮椅或其他物品。对有视力障碍的游客，导游人员应安排他们在前排就座，能用手触的地方、物品可以尽量让他们触摸。在导游讲解时可主动站在他们身边，讲解内容要力求细致生动，口语表达更加准确、清晰，讲解速度也应适当放慢。

（四）对宗教界人士的接待

1. 注意掌握宗教政策

导游人员平时应加强对宗教知识和我国宗教政策的学习，接待宗教旅游团时，既要注意把握宗教政策，又要注意宗教游客的特点。

2. 提前做好准备工作

导游人员在接到接待宗教团的计划后，要认真分析接待计划，了解接待对象的宗教信仰及其职位，对接待对象的宗教教义、教规等情况要有所了解和准备。

3. 尊重游客信仰习惯

在接待过程中，要特别注意宗教游客的宗教习惯和戒律，尊重他们的宗教信仰和习惯。

4. 满足游客特殊要求

宗教游客在生活上可能有些特殊的要求和禁忌，导游人员应按旅游协议书中的规定，不折不扣地兑现，尽量予以满足。譬如，对宗教游客在饮食方面的禁忌和特殊要求，导游人员一定要提前通知餐厅做好准备，一定要去合适的餐厅用餐，导游人员要认真落实，以免引起误会。

典型案例

案例一

某旅行社组织三国之旅，游客到达目的地后，入住星级饭店。大家在餐厅用餐时，突然出现短时间停电。此时导游灵机一动，对游客说这是旅行社特意为大家准备的节目——烛光晚餐。在游客后来得知这是一次突发事件而引出的意外礼物后，纷纷给旅行社去信，感谢此次温馨之旅及导游人员的热忱服务。

案例二

刘小姐在西安G旅行社担任全陪，旅游团是为期三天的赴延安壶口瀑布游。该团成员较特殊，他们都是第四军医大学59级的毕业生，并且刚在母校进行联谊活动。因年龄都偏大，在接团前，社里就一再叮嘱导游服务要细致。在整个旅游过程中，刘小姐尽量做到细致入微，只是发生了一件小意外。旅游团共4辆车，在去壶口的途中，由于路不通，改走其他路线。但由于地陪不熟悉路线，有的车又先出发，因而在一个岔路口不得不停下来等其他车，这时客人表示不满，要求只等10分钟，10分钟后必须开车。此时气氛有点紧张，刘小姐就为客人主动表演节目，缓和气氛，同时组织大家唱陕北民歌。过了大约半个小时，其他车也跟了上来，客人也没有表示责难。在后来的旅游活动中，刘小姐主动搀扶客人，并为他们做了一些力所能及的事，博得客人的好感，后来客人专门为社里送了一面锦旗。

案例点评：

1. 导游人员是整个旅游团旅游活动的节目主持人。导游人员的专业知识和服务、管理职能的发挥至关重要，直接关系到旅游团队的活动是不是丰富多彩，是不是充满欢声笑语，直接关系到每一位游客的旅游体验是不是愉悦。所以，导游人员不仅应该受过良好训练，对旅游景点和旅游线路了如指掌，而且应该具有良好的心理素质和应变能力，应该能够机智地处理各种突发事件，巧妙地化解各种矛盾。在任何时候任何情况下，只要有导游人员与旅游团在一起，游客们就感到放心，就觉得有依靠，就不怕任何困难。

2. 案例一是一个广为流传的经典实例，讲的是由于导游人员的机智使不利因素化为有利因素。由电灯照明变为无奈的蜡烛照明，本来有许多不便，但当引入了"烛光晚餐"这一概念后，就充满了浪漫、温馨，变为另一种格调的享受。可以说"烛光晚餐"的渲染比任何苍白的解释和诚挚的道歉都有利，平添了一份热情和幽默。当然，说"导游灵机一动"，称之为"旅行社特意为大家准备的节目"，多少有点文学色彩和编辑实例的痕迹，但确实能给我们以启示。

3. 案例二可称之随机事件，讲的是导游人员凭借自己的人格魅力化解矛盾的过程。案例中的"刘小姐"为缓和紧张气氛和矛盾冲突，"主动表演节目"，并组织大家唱陕北民歌，把枯燥的等待变成了愉快的联欢，结果当然是美好的。至少有两点是值得称道的：一是导游人员抓住了问题的症结所在。客人之所以不满，是因为旅游的疲劳、等待的枯燥和时间白白浪费在与旅游无关的事中。试想：人们是为追求一次美好的经历而来旅游的，但却因为非自己的原因被置于荒山野岭，不满绝对是情理之中的事。抓住了症结，矛盾当然就迎刃而解了。二是导游人员恰当地摆正了自己的位置，认识并履行了自己的职责，使自己成为全团的中心，应该说这个"节目主持人"是称职的。

4. 两个例子中，均可说导游无过，但无过并不是高质量，无过亦不能成为自己不更好履行职责的借口。恐怕还是那句老话："宾客至上"。真正用心去体会了，真正从一时一事认认真真去做了，才是一个称职的导游人员，一个好导游人员。

本章小结

本章主要介绍了导游语言的含义及分类、导游语言艺术的作用、导游讲解的基本要求以及导游人员带团的基本原则。熟练掌握导游语言艺术的运用技巧、导游语言艺术的风格、导游讲解的常用方法、各类景观的讲解技巧、导游带团的基本技能及特殊旅游团队的接待技巧，能够有效提高导游人员的导游服务水平。

复习思考题

1. 简述导游语言的含义。
2. 试举例说明导游语言艺术的作用。

3. 常见的导游语言艺术风格有哪几个类型？
4. 导游讲解的基本要求是什么？
5. 运用突出重点法进行讲解时，一般要突出哪几方面？
6. 常用的问答法一般有哪几种形式？
7. 如何确立导游人员在旅游团中的主导地位？
8. 导游人员如何在游客心目中树立良好的导游形象？
9. 导游人员如何加强与其他相关旅游服务部门和工作人员的协作？

实训题

1. 以自己家乡附近的一座名山为例，撰写一篇导游词。要求导游词内容新颖、全面、细致、准确，符合实际情况，能根据讲解内容灵活运用讲解方法，且语言生动、形象、幽默、风趣。
2. 请列出上海老年旅游团赴黄山观光旅游服务的注意事项。

第五章
游客个别要求的处理

> 学习目标
> ① 掌握游客个别要求的特点及处理要领。
> ② 掌握旅游行程中个别要求的处理方法。
> ③ 掌握住宿、餐饮方面个别要求的处理方法。
> ④ 掌握购物、娱乐方面个别要求的处理方法。
> ⑤ 掌握其他突发事件中个别要求的处理方法。

第一节　游客个别要求处理概述

旅游是一种有很高文化品位的休闲享受。旅游活动既是个体行为，也是群体行为。在旅游活动中人们都要面对和处理一系列的人际关系。事实上，处于高度紧张、竞争激烈、人情淡漠状态中的人们，在旅游活动中不仅仅要去亲近自然、回归自然、感受历史、了解历史，还希望能够追求人际关系的轻松、愉快和温馨。如何营造这种轻松、愉快、温馨的氛围，需要导游人员认真去思考并付诸努力。

导游是一项专业性很强，又必须具备综合能力的职业。光有知识不行，必须有一定的生活阅历和工作经验，才能应付旅游中出现的问题。

游客的要求通常分为两种，一种是与全团的共同要求基本一致，另一种则属于个人的特殊需求，它既可能与旅游活动直接或间接有关，也可能与旅游活动无关，通常由游客本人直接向导游人员提出。在本章中，我们着重讨论后一种要求，即游客个人向导游人员提出的各项要求。

一、游客个别要求的特点

（一）个别性

由于它是由游客本人提出，通常代表着个别人的特殊需求，与旅游团体并无直接联系，因此具有个别性和特殊性的特点。

（二）非契约性

作为特殊情况，此类要求通常不属于旅游合同所规定的内容，在实际处理上也会给导游人员带来一些额外的工作量，但是，并不等于说导游人员就可以将这类要求置之不理或草率应付。

（三）不可预见性

这是个别要求最鲜明的特点。游客临时、突发的各种要求，由于导游人员在心理上缺乏准备，给处理带来了一定的难度。

（四）复杂性

游客的个别要求通常是五花八门，既可能与旅游活动有关，也可能与旅游活动无关；既可能是常规要求，也可能仅是个人兴趣或爱好。这些要求中，有些是合理而可行的，有些是合理而难行的，也有些是不合理且不可行的，但无论哪一种，处理不好，都会影响到游客的游兴，甚至波及全团。

二、游客个别要求的种类

（一）合理而可行

游客提出的要求合乎法律法规的规定，合乎情理，在操作上也可行。例如因住房卫生状况不达标准要求换房等，对这类要求，导游人员应积极配合，尽可能帮助游客达成愿望。

（二）合理而难行

合理而难行这类要求符合法律法规的规定，但受环境或时间或场所等主客观因素的限制，难以满足。例如旅游团即将乘飞机离开本地而有游客提出要求去超市购物。这种情况下，导游人员应向其做耐心解释，说明不可行的原因，切不可断然拒绝。

（三）不合理且不可行

游客提出的要求与上述判断标准相悖，通常是于法于情于理皆不合理的无理苛求。对此类要求，导游人员应婉拒并加以适当解释。

三、游客个别要求的处理要领

（一）认真倾听，正确理解

对游客提出的个别要求，导游人员首先应认真听取，这既是出于礼貌，又是为下一步妥善处理打下良好的基础。倾听的同时，导游人员要对游客的要求进行分析，正确理解游客的请求实质，切忌采取全面否定和全盘接受的态度。

（二）区别对待，妥善处理

（1）对于合理而可行的要求，导游人员应尽最大努力帮助完成。

（2）对合理但难行的要求，导游人员不能直接说"不"，因为那样很容易伤害游客的自尊心，认为你对他的要求不重视或敷衍了事。导游人员应尽心，并让游客看到导游人员的行动，确实是在为他们提出的要求而努力。经过努力后的解释，不但不会引起游客的不满，还会赢得游客对你的信任。

（3）对于不合理的要求，包括那些过分挑剔、无理取闹者，导游人员则一要讲礼貌；二要讲态度，冷静解释，不要与其发生正面冲突；三要讲原则，说明婉拒理由；四要讲服务，不以对方要求不合理为由而放弃以后的服务。

补充材料5-1

> 小技巧：导游人员意识到游客的要求不能接受时，态度不能含糊，但口气一定要委婉，要坦诚地做好解释工作。此时的言行切忌模棱两可，不然会使游客产生误会，以为你仍有潜力和可能帮他解决。

无论是哪一种个别要求，导游人员在处理的同时还应注意照顾到其他游客的感受，时刻提醒自己是为大家服务的，以免顾此失彼，引起其他人的不满。

补充材料5-2

> 学会使用善意的谎言：为了更好地完成接待任务，导游人员在带团过程中偶尔说上几句善意的谎言并不为过。有时还会产生一些意想不到的效果，使事情更容易处理。比如当游客要求在途中停车时，导游人员可以告诉游客在这个地方停车违反交通规定会罚款，甚至吊销司机的驾驶证，导游人员尽量不要用简单的否定词来拒绝客人的要求。

(三) 请示汇报，争取协助

对于某些处理难度大、需要时间长以及一时难以满足的要求，导游人员必须多请示旅行社，争取多方协助，同时按照旅行社的意见行事。

(四) 记录整理，积累经验

游客提出的要求虽然五花八门，但总会有一定的规律性，导游人员应注意整理归纳，提前打好"预防针"，增强自己处理突发事件的能力，提高自己的综合服务能力。

第二节　旅游行程方面个别要求的处理

旅游过程中，导游人员会遇到游客要求临时更改行程、更改计划内景点、提前离团或延长旅游时间以及变更交通工具等情况，对此，导游人员应慎重处理，妥善解决。

一、要求更改行程或交通工具

旅游行程是旅行社和游客共同商定的，相关机（车、船）票等通常已提前购买，旅游团的活动应按旅游合同或接待计划行事，一般无法更改。导游人员也可向旅行社请示，按旅行社的要求处理。

二、要求修改或增加游览项目

若修改后的游览内容不增加旅行社的费用，不会改变旅行线路和时间，客观上也是可行的，导游人员应立即与领队、全陪及全体团员进行协商，征得他们的同意，取得其签名记录，报告旅行社。如有需要，加收的费用要事先向游客讲清楚，由其自行负担，同时导游人员要做好相应的活动安排。如无法满足要求，导游人员也应向游客说明原因，耐心解释。

三、要求亲友随团活动

导游人员一要看所乘旅游车是否有空座，二要征得领队、全陪及其他游客的同意，三要报告旅行社是否同意。如果一方持不同意见，导游人员就要婉言拒绝。如各方都同意，导游人员则需为其办理入团手续、开具发票等，同时还要与饭店、餐厅等旅游接待部门联系，增加相应的房间、餐位。

四、要求离团自由活动

若是游客以前曾来过此地不想重复游览,或有私事要办要求离团自由活动时,导游人员应首先问清情况并告知领队或全陪;明确告知,自动离团,其未使用的综合服务费不退,请对方理解。如对方执意要求离团,导游人员应将下榻饭店的名称、地址请游客记牢,做好相关安全提示,告知当天的活动日程和时间安排,并将自己的手机号告诉游客,同时记清游客的手机号以便行程结束后与其联系。

需劝阻游客自由活动的几种情况:旅游团即将离开本地;目的地治安不理想;游客想去的场所复杂、混乱;游客要求去不开放地区、机构参观游览等。

五、要求中途退团

游客因家中出事、工作急需或生急病等情况要求中途退团的,导游人员应首先报告旅行社,按旅行社的要求行事。在获得退团许可的情况下,导游人员可争取地接社的协助,帮助游客办理退房、重订交通票据等手续,但应提前告知游客所需费用自理,未享受的综合服务费按照旅游协议部分退还或不予退还。

六、要求留在饭店休息不随团活动

对游客的这一要求,导游人员不必多做劝说工作,也不须勉强其一定随团活动。应把工作重点放在提醒游客注意安全上,并向其说明综合服务费及门票、餐费不退,在饭店用餐费用须自理等。如游客身体不舒服留在饭店休息,导游人员除将自己的联系方式告诉游客外,还可告诉游客饭店医务室的电话号码,并帮其安排用餐事宜,关照客房服务员对游客多加留心。当天的游览结束后导游人员还应主动看望游客,帮其解决实际问题。

 补充材料5-3

对讲解方面个别要求的处理原则

讲解是导游工作的一项重要内容,在旅游过程中,现场讲解效果在一定程度上反映了一个导游人员的素质和水平,同时也会在很大程度上影响游客对此次旅游的印象。因此,好的导游人员,除了要注意讲解内容的准确性、科学性,讲解语言的规范性、幽默性外,更要讲究讲解艺术和技巧,要超越单纯地背诵地理或历史知识,把旅游与地理、人文、历史等方面知识有机结合起来,让"静物"动起来,让"历史"活起来,以此来提高游客对旅游的满意度和回味度。

在旅游过程中,导游讲解并不是越多越好。讲解频率要结合游程的安排和游客的心理状态及时调整,既不能从一上车就讲个不停,也不能随便介绍几句就敷衍了事。

> 一般来说，如果是好几天的行程，游客在前两天兴致较高，也乐意听导游人员作更多的讲解，而随着游程的展开，游客的兴致越来越低，疲乏程度越来越高，这时就希望能有更多的时间休息，导游人员应适时降低讲解频率，除非是特别需要介绍或有非常意义的地方，否则就多留点时间给游客做休整，尤其是在旅游车上更应注意这点。
>
> 　　就一天而言，刚出发或刚进入某个景点时，游客的兴致较高，好奇心理较强，导游讲解可多些，随着游程的继续，可逐渐减少讲解量。
>
> 　　其次，导游讲解要有针对性。由于性格、职业、学历、地域等背景的不同，对同样的景点，不同的游客关注兴趣度也不同，因此导游人员在上团前应认真分析团队中游客的身份构成，选取合适的内容有针对性地讲解，而不能对所有团队使用一种导游词，使用一种讲解方法。这对导游人员提出了更高的要求。

第三节　住宿、餐饮方面个别要求的处理

住宿与餐饮是两项基本的旅游活动内容，由于不同游客生活习惯的不同，游客对住宿和餐饮有个人要求是可以理解的，导游人员要有思想准备以应对游客在这方面的个别要求，尤其是在旅游旺季等特殊时期，导游人员更要考虑周到，预见在前。

安排住宿时，导游人员务必要把游客带进预订的饭店，尽快把客房钥匙交到游客手中，向游客介绍饭店的设施设备，督促行李员尽快分送行李，同时做好游客人身和财物安全的提醒。

安排餐饮时应注意研究游客的口味特点，掌握游客的忌食习惯，尤其是宗教人士的忌食。因此，提前了解游客的禁忌，是做好餐饮服务的关键，也是避免服务中出错的前提。

一、住宿方面的个别要求

（一）要求调换饭店

游客要求调换饭店，往往是因为地接社安排的饭店与计划不符，或饭店远离市区，或周边环境差等。这种情况下，导游人员应耐心倾听游客的意见。如属于旅游团的共同要求，且所住饭店的确与计划不符的，导游人员应报请旅行社予以调整，尽可能满足游客的合理要求。除此之外，对不顾合同规定执意要求调换饭店的游客，导游人员除应做好解释工作外，还可请领队或全陪出面，劝其服从计划内安排。

（二）要求调换客房

导游人员应耐心倾听游客的意见并亲自到客房察看，以确定客房是否属于必须调换

的情况。如果游客的要求合情合理，导游人员就要尽最大努力帮助游客满足愿望。如果饭店确有困难无法调房，可请领队或全陪在团内互相调剂，或向游客做耐心解释并给予游客相应补偿。

（三）要求换住单间

游客要求换住单间通常是因为与同住的游客在生活习惯或性格脾气上有较大差异。对于此种要求，导游人员要首先问清楚原因，如果有领队与全陪，应与领队和全陪商量，看可否在团内调剂。如调剂不奏效，导游人员就得与饭店商量增加住房，但事先要向提出要求的游客讲清楚，换住单间的费用需自理。

（四）要求购买饭店内的装饰品等

饭店内的装饰品通常是饭店根据其设计风格专门定做或购买的，市场上很难买到。遇到这种情况，导游人员可积极帮助游客向饭店相关部门取得联系，或让游客自行与饭店联系，商量是否可以购买。

二、餐饮方面的个别要求

（一）特殊的餐饮要求

因宗教信仰、民族风俗或个人身体等方面的原因对餐饮提出的一些特殊要求，如不吃荤、少油盐、不吃辣等，导游人员应积极予以落实安排，并在以后的就餐过程中，记住游客的这些特殊要求，提前与餐厅做好对接工作。

（二）要求换餐

个别游客临时提出调整用餐规格、更换风味、中餐改西餐等要求，如在用餐前3小时提出，导游人员可联络餐厅满足其要求，但须事先说明更换引起的费用由游客自负。如接近用餐时间游客提出换餐，一般不予接受，但应做好解释工作，如游客坚持换餐，可建议他们点菜，费用自理。

（三）要求添加菜肴

游客要求加菜，通常有两种原因，一是标准中所含的菜肴游客不愿意吃；另一种原因是某道菜的味道可口，游客没吃够。对于前一种情况，导游人员应检查上桌菜肴数量、质量是否符合标准，如不符，应与餐厅交涉，适当加菜，但不另收费用。对于后一种情况，导游人员可向餐厅要求添菜，并送至提出要求的游客面前，但须告诉游客添加菜肴的费用自理。

(四) 要求不随团用餐

尽量劝说游客随团用餐。如因身体原因或耽于购物或会见亲朋好友不能随团用餐，导游人员应向其讲明餐费不退。

(五) 要求提供送餐服务

导游人员首先应与饭店总服务台或餐饮部取得联系，看其是否有该项服务及收费标准是多少，这些均需让游客事先知晓。如饭店没有送餐服务，而游客因身体原因确需该项服务，导游人员也可与餐饮部联系请其做好后亲自送给游客，所需费用由游客自付。

第四节　购物、娱乐方面个别要求的处理

作为导游人员来说，如何正确引导游客购物是一门学问。导游应掌握的引导购物原则是：第一，游客购不购物，购买多少，应由游客自己决定；第二，导游人员对于购物和不购物的游客都应一视同仁；第三，导游人员应通过优质的服务和高超的导购技巧让游客自觉自愿进行购物，决不能强迫购物；第四，导游人员要做好购物服务工作，如介绍诚信度高的购物场所或商业区，做好购物安全提醒，介绍或帮助游客办理托运手续等；第五，严格执行《导游人员管理条例》第十五、十六条规定，不向游客兜售物品或购买游客的物品，不以明示或暗示的方式向游客索要小费，不欺骗、胁迫游客消费或与经营者串通欺骗、胁迫游客消费。

娱乐方面，游客出门旅游，目的就是要去享受不同的文化，了解异地他乡人民的生活，欣赏各地迥异的民俗及特色艺术精品，当然也希望欣赏到当地丰富多彩的娱乐生活，在精神上得到更多的愉悦和满足。因此，做好娱乐服务也是导游人员服务工作的一部分。

一、购物方面的个别要求

(一) 要求单独外出购物

导游人员可建议游客在自由活动时去合适场所购物，并讲清所去地点、名称、商品特色、营业时间、公共交通情况及相关费用，提醒游客带上印有饭店名称的卡片等，必要时可写便条给游客带上。导游人员一般不陪同前往，但应做好安全提醒，并要求其准时返回。

如团队即将离开本地，导游人员要劝阻游客外出购物的要求，以防误机（车、船）。

（二）要求退换商品

导游人员首先应问清原因：是发现所买商品有瑕疵，还是购买前欠考虑。无论哪一种情况，导游人员都应给予积极协助，必要时可陪同前往。如果是后一种情况，导游人员还应向游客说明退换不成的可能性。为了避免游客购买商品后再退换，导游人员最好在购物前先做好提醒工作，比如认真挑选，理智购物，不要盲目听从别人的劝告，保管好购物发票等等。

（三）对看中的商品要求导游人员帮忙拿主意

对于这种情况，导游人员应该遵循不拿主意，由游客自行决定为好，尤其是贵重的商品。旅游购物一直是个敏感的话题，导游人员劝导购物一定要慎重。

（四）要求导游人员帮助订购和托运商品

对此要求，导游人员一般要婉言拒绝，若实在推托不了，经旅行社同意后可接受代购托运委托。导游人员应尽量争取与游客共同选中商品、付清费用；如暂时无货，也应向游客收足钱款，立好凭据，写明要求和发运地点，待一切手续办理完毕后，将发票、托运单、保险单等原件寄给游客，但须将上述凭据复印后交旅行社备查。如有余款，也应交旅行社退还委托者。导游人员要将托运情况及时转告委托者。

（五）要求购买文物古玩

导游人员应带游客去文物定点商店购买，劝阻游客在地摊或未经批准的小商店里购买文物古玩。提醒游客保存好购物发票，不要将古玩上的火漆印刮掉，以备海关查验。提醒游客不要购买私人的古玩，以免涉入走私文物的嫌疑。

（六）要求购买中药材

游客要求购买中药材，导游人员一定要当好顾问，帮他们买到需要的药物，若有境外游客，应告知中国海关的有关规定。

二、娱乐方面的个别要求

（一）要求更换计划内的文娱活动

导游人员应向游客讲明已按接待计划购买了演出门票，无法退票，必要时可请领队和全陪帮助做说服工作。如游客坚持自己要求，导游人员则应提醒游客：一要注意安全，妥善保管好财物；二要向游客交待好想去场所的地址、可选择的交通方式，并告知领队或全陪；三要提醒游客带好印有饭店名称的卡片，避免迷路；四要告知游客原票款不退，新的门票费用、交通费用均由游客自理。一般情况下，导游人员不陪同前往。

（二）要求增加计划外的文娱活动

导游人员应视日程安排和场所情况而定。如果能满足，导游人员应协助游客购买门票，告知其可选择的交通方式、场所地址、演出时间等，要特别强调安全注意事项，同时告知游客交通、门票等费用自理，导游一般不陪同前往。如无法满足游客的要求，导游人员也应做好解释工作。

（三）要求前往不健康的娱乐场所

导游人员应明确拒绝，绝不介绍或陪同游客去此类场所，并应对其说明相关法律规定。

第五节 其他方面个别要求的处理

随着旅游发展的不断深入，商务旅游、会议旅游、奖励旅游、修学旅游等众多旅游方式兴起，旅游活动更加丰富多彩，已不仅仅局限于旅行社计划内的行程安排，还涉及专业参观、经贸洽谈、文化交流等方面。新的旅游方式对导游人员的综合服务能力带来了极大的考验，导游人员遇到的各种新情况、新问题也层出不穷。因此，要对导游人员加强处理突发事件能力的培训，提高应变能力。

一、交流座谈、专业会见等要求的处理

导游人员首先应问清事由，汇报给旅行社，按旅行社的要求帮助安排参观与会晤，对难以满足的要求应耐心解释。

二、请导游人员帮忙寻找亲朋等要求的处理

对此要求导游人员应设法予以满足。如果游客知道亲朋的地址、姓名、工作单位等，导游人员可根据这些情况帮助游客进行电话联系并向其说明具体的乘车路线。若线索不全一时找不到，导游人员可请当地公安户籍部门帮助寻找，找到后及时告知游客。若在此地旅游期间没找到，也可请游客留下联系方式，等有了消息再设法通知游客。

三、对外国游客提出的有争议的热点问题的处理

游客提出这些问题的性质目的不同，有的是出于好奇想与导游人员讨论，有的是不了解中国国情产生误解，也有些是属于恶意攻击和诬蔑，对此，导游人员要区分不同情况，有理、有节地做好宣传工作。首先要针对游客提出的问题友好地介绍我国国情，阐

明我国政府的立场和观点，力争消除误会，求同存异。但若游客纯属恶意攻击和诬蔑，导游人员应旗帜鲜明地予以驳斥，但同时要注意策略，不要与之纠缠不清。

四、游客请导游人员帮助转递贵重物品、食品、药品等要求的处理

凡是游客要求旅行社和导游人员帮其转递贵重物品、食品、药品等要求，一般情况下导游人员应婉言拒绝。导游人员可建议游客将物品亲自交给对方或通过邮寄方式转递。若游客通过上述途径转递确有困难，导游人员可予以协助并报告旅行社。导游人员可遵循以下程序办理：

（1）问清是何种物品；
（2）请游客写下委托书，注明物品的名称和数量，并当面点清核对；
（3）请游客写清接受人的详细通信地址和联系电话；
（4）接受人收到物品后应请其写收条并签字或盖章；
（5）导游人员将委托书和收条一并交旅行社保管；
（6）及时通知游客办理结果。

如游客要求帮助将物品转递给外国驻华使、领馆及其人员时，导游人员应建议其自行处理，游客实在有困难无法转递，导游人员应详细了解情况并向旅行社汇报，将需转递的物品交旅行社代为转递。

典型案例

案例一　入住的饭店正在装修

事情经过：

小王第一次带团，就遇到了麻烦事。当天的行程顺利结束后，小王带着游客来到了旅行社预订的饭店，一进门小王就傻了眼：饭店正在装修之中，装修工具杂乱地堆放在大厅的角落里，进入大厅就闻到浓浓的油漆味。饭店的工作人员解释说大厅装修并不影响入住，客人们将信将疑地进入房间，发现房间不仅不干净，而且还有很浓的油漆味，游客开始埋怨起来。小王见状忙向客人表示歉意并耐心解释，旅行社在订房时饭店隐瞒了这一情况。他立即打电话将此事向旅行社做了汇报，请社里重新订房。考虑到已近晚上，大家都很饿了，饭店晚餐也已经准备好了，小王就耐心劝游客在此用餐并等待社里重新订饭店的消息。吃晚饭时小王一直在餐厅照顾客人，殷勤为大家服务，给每桌加了菜和饮料，而自己却几乎没怎么吃饭。大家见状也就不好再说什么，反而劝小王赶快去吃饭。晚饭快结束时，旅行社的订房电话也到了，社里在当地又订了一家比较好的饭店，小王带领大家入住新饭店后，又向每个房间致电表达了歉意及问候。

案例点评：

旅行社按照合同约定向游客提供达到标准的客房是最基本的服务，可是本案例中，由于旅行社在订房时饭店隐瞒了正在装修这一情况，致使游客进入房间后大发雷霆。本案例中导游小王的做法也有不妥之处，在刚进入饭店时，就应该警觉房间会不会有问题，如果能在客人进入房间之前先去检查一下房间，及时向旅行社报告，纵然还会招致客人的埋怨，但不满情绪会减弱。当然，小王在遇到问题时没有过多地推卸责任，而是耐心解释，积极补偿，用良好的服务博得游客谅解的做法还是值得肯定和借鉴的。

案例二　带团勿忘分析团队特征

事情经过：

小周是某旅游学校的在校生，考过导游证后，暑假在当地一家旅行社实习。某天，旅行社派他接待一个妇女旅游团，因为是第一次独立带团，小周花了大量的时间，对服装、票据、备用药品、旅游线路、景点知识等等做了充分准备，对自己的讲解充满了信心。但是在带团过程中，小周发现只有部分游客对他的讲解感兴趣，其他的人总是在兴致勃勃地聊天，而游客们最感兴趣的是购物，经常有客人问他当地的特色商品是什么，从哪里可以买到价廉物美的商品，以及一些旅游商品的专业知识。有的小周知道一点点，有的则一无所知，对着游客的问题只能频频摇头。结果游客对小周很失望，小周对自己也不满意，后悔自己没有在团队的特征上多下点功夫，在购物方面多准备准备，让游客留下了遗憾。

案例点评：

本案例中，导游人员小周自认为做好了充分的准备，为什么还会让游客失望呢？主要原因在于带团前他没有对团队的特征进行认真分析，没有充分了解妇女旅游团的特点。

购物是妇女团队的永恒话题。在商店购物时导游人员要做好参谋工作，要较为详细地介绍商品特色，尤其是土特产品。做好这些工作，女游客们肯定会高兴而来，满意而归。所以，购物知识的充分准备，是导游人员接待妇女旅游团时一项十分重要的服务细节。

案例三　导购应诚信

事情经过：

游客购买珠宝被骗金额共计1.6万元。海南某旅行社导游人员小赵在未征得旅行社同意的情况下，擅自更改行程将游客带到一非定点珠宝商场购物，商场自称看在导游的面子上，按最低价格将珠宝卖给了游客。游客返回后经鉴定发现所购珠宝均为假货,有的甚至是铜制品,于是进行了投诉。旅游监督部门吊销了小赵的导游资格,游客所花费款项已悉数退赔。

案例点评:

根据《导游人员管理条例》第十六条及第二十四条规定,导游人员进行导游活动,不得欺骗、胁迫旅游者消费或者与经营者串通欺骗、胁迫旅游者消费。欺骗、胁迫旅游者消费或者与经营者串通欺骗、胁迫旅游者消费的,由旅游行政管理部门责令改正,处1000元以上3万元以下的罚款;有违法所得的,并处没收违法所得;情节严重的,由省、自治区、直辖市人民政府旅游行政部门吊销导游证并予以公告;对委派该导游人员的旅行社给予警告直至责令停业整顿;构成犯罪的,依法追究刑事责任。

在本案例中,导游人员小赵为了个人利益,协同商家蒙骗游客,受到旅游行政部门的制裁。在带团过程中,导游人员应该正确引导游客购物,以满足游客的需要为出发点,动机要摆正。如果为了个人利益欺骗游客购物,必将受到相应的惩罚。

案例四 注重专业人士的游览细节

事情经过:

导游人员小王在接待一个由教育界人士组成的考察旅游团时,按照行程安排,上午在当地一所大学参观座谈,然后到市内的定点餐厅就餐,下午参观当地的旅游景点。在大学参观游览时,小王发现客人对该校的学生文化活动及主题雕塑非常感兴趣,而且提出要对此进行细致的考察,这样半天的时间肯定不够了。小王赶紧请示旅行社,是否能够改变一下行程,让专家们有更多的时间更好地了解所关心的问题。得到旅行社的同意后,小王把这一决定通报给游客,客人们非常高兴,纷纷称赞小王服务认真,能够真正为游客着想。由于有了好的基础,小王后面的游程也带得非常顺利。

案例点评:

在案例中,导游小王带的是教育考察团,客人对大学城非常感兴趣,希望能够有更深入的了解。小王根据游客的需要,在得到旅行社同意后,延长了游览时间,满足了游客的需求。小王正是注意到了保证充足的游览时间这一细节,才使整个团队的行程顺利进行,赢得了游客的赞誉。

本章小结

游客的个别要求是指游客个人向导游人员提出的各项要求,具有个别性、非契约性、不可预见性、复杂性等特点。游客个别要求主要涉及旅游行程、住宿、餐饮、购物、娱乐等方面。导游人员在处理游客个别要求时，应认真倾听，正确理解；区别对待，妥善处理；请示汇报，争取协助；记录整理，积累经验。

✏ 复习思考题

1. 游客个别要求通常具有哪些特点？
2. 导游人员在安排团餐时应注意哪些问题？
3. 导游人员应如何正确引导游客进行购物？
4. 哪些情况下不适宜让游客单独行动？
5. 如何向游客说"不"？
6. 游客不愿观看计划内的文娱演出怎么办？
7. 游客请导游人员代为转递物品时，导游人员应如何处理？
8. 游客个别要求的处理要领是什么？

✿ 实训题

将学生分成 A、B 两组。A 组扮演游客，模拟提出各种游客的个别要求；B 组扮演导游人员，根据 A 组同学提出的要求作应对，提供具体解决办法。教师根据两组同学的表现进行点评。

第六章
导游服务中常见事故与问题的预防及处理

学习目标

① 掌握事故的类型及其预防与处理的原则。
② 掌握漏接、错接、空接的处理技能。
③ 掌握误机（车、船）的处理技能。
④ 掌握游客丢失证件、钱物、行李的处理技能。
⑤ 掌握游客走失的处理技能。
⑥ 掌握游客患病的处理技能。
⑦ 掌握旅游安全事故的处理技能。

在旅游过程中，出现问题、发生事故都是不愉快的，甚至是不幸的。出现问题、发生事故都会给游客带来烦恼和痛苦，甚至灾难，也会给导游人员的工作增添许多麻烦和困难，甚至影响国家或地区旅游业的声誉。

导游人员在带团过程中，要努力做好服务工作，与各方密切合作，时刻警惕，采取各种必要措施，预防问题和事故的发生。杜绝责任事故，处理好非责任事故是保证和提高导游服务质量的基本条件。

处理旅游过程中出现的问题和事故是对导游人员工作能力和独立处理问题能力的重大考验，处理得好，游客满意，导游人员的威信会因此而提高；反之，不仅游客不满，还可能留下隐患，使旅游活动无法顺利进行。因此，出现问题、发生事故时，导游人员要沉着镇定、处变不惊，要全力以赴、果断采取措施，要迅速及时、合情合理地进行处理。

第一节 事故预防与处理的原则

一、事故的类型与性质

导游服务过程中由于导游人员工作的失误或者某些意外可能会导致各种事故和问题的发生。导游人员应该注意总结导游工作中容易发生的各类事故和问题，并对事故的原因和性质有一个全面的认识。有一个清醒的头脑是导游人员做好事故预防和处理工作的前提。根据不同标准，可以将事故分为不同类型。

（一）按照事故的性质可分为技术性事故和安全性事故

技术性事故是指由于旅游接待部门运行机制发生故障而影响旅游活动安排或旅游行程的事故。如漏接、空接、错接、误机（车、船）、旅游日程变更等。

安全性事故是指关系到游客人身安全和财产安全的事故。前者如游客患病、突发急症、受伤、死亡；后者如游客证件、行李、财物的丢失等。

（二）按照事故的责任可分成责任事故和非责任事故

责任事故是指由于接待方原因造成的事故，包括导游人员的直接责任和接待方其他环节的责任。如由于接待方的疏忽、计划不周等原因造成的漏接、误机事故，导游照顾不周造成游客走失等。责任事故往往带来严重的后果，不仅给游客带来损失，给导游人员带来巨大的压力，而且会损害接待国家或地区的旅游业形象。

非责任事故是指非接待部门的原因或游客自身的原因造成的事故。如天气原因造成飞机不能起飞；意外事故招致游客人身伤亡；游客不听从指挥造成走失等。虽然这类事故的责任不在旅游接待方，但是接待方有义务做好各项补救工作。处理得好会赢得声誉，处理不当也会给各方带来不好的影响。

（三）按照事故的严重程度可分为严重事故和一般事故

严重事故是指给游客或旅游接待方带来较大经济损失，给游客带来较大的身体、精神伤害，对社会产生恶劣影响，游客反映强烈甚至提出解除旅游合同进行投诉、索赔的事故。在旅游服务中出现的严重违约或服务差错是严重的质量事故。这类事故的处理难度最大。

一般事故是指经常发生又能及时补救的事故，如游客证件和物品的丢失、游客的一般走失等。一般事故虽然不会带来严重的经济损失或人身伤害，但会给旅游活动带来诸多的不便，影响游客的情绪，降低导游服务质量，不可不防。

（四）按照事故发生的实际状况可分为将成事故和已成事故

将成事故是指导游人员已知某种原因可能导致某种事故，但尚未成为既定事实的状态。在导游过程中，这种情况并不鲜见。如游客难以准时在飞机起飞前抵达机场；旅游团因延迟抵达可能被迫取消重要游览项目；导游人员在送旅游团出境时途中不小心将客人的机票或证件等丢失。这类事故必须及时地采取应急措施，以便在事故成为事实前将损失降到最低程度，如通知机场协助解决，及时调整游览项目，办理临时签证等。

已成事故是指已经成为事实的事故，导游人员只能按照有关规定进行事后处理。

二、事故处理的原则

事故发生时，导游人员必须头脑清醒，积极采取措施应对事故，用最佳的方式解决事故。在事故的处理中，导游人员应遵循以下原则。

（一）宾客至上、服务至上的原则

在事故发生时不论是不是客人的原因，导游人员都必须尊重客人，给客人足够的个人空间，让其能够合理地面对事故。处理事故的时候应该本着处处为游客着想，处处为游客排忧解难的思想，尽量减少由于事故的原因而造成客人的损失。

在事故处理的同时，如果仅仅是个别游客出了问题，导游人员应该在妥善安排好出事游客以后，继续游览，带领其他游客走完所规定的旅游线路，在服务过程中不能因事故原因而降低了服务标准。

（二）沉着冷静、及时果断的原则

事故发生后导游人员一定要沉着，积极采取措施，减轻事故造成的损失。在事故得到控制的同时，向旅行社领导汇报情况，争取领导的帮助。当事故处理完成后，导游人员要认真细致地找出事故发生的原因，寻找事故发生的责任人，并总结事故处理的经验教训，为今后继续带团提供宝贵资料。

及时果断原则就是指在将要发生事故和发生事故以后，导游人员要把握好第一时间，积极想办法，采取应急措施，迅速与相关部门联络。对于马上要处理的事情当机立断，切忌手足无措，贻误时机。争取时间是减少事故损失的前提。

《导游人员管理条例》第十三条规定：导游人员应当严格按照旅行社确定的接待计划，安排游客的旅行、游览活动，不得擅自增加、减少旅游项目或者中止导游活动。导游人员在引导游客旅行、游览的过程中，遇有可能危及游客人身安全的紧急情形时，经征得多数游客的同意，可以调整或者变更接待计划，但是应当立即报告旅行社。

（三）公平公正，合情合理的原则

合情合理的原则是指在处理事故时要尊重当事人的意愿，体谅当事人的心情，采取必要措施安慰游客、稳定游客，要注意保护游客的基本权利和利益。

（四）分清责任，实事求是的原则

实事求是原则是指处理事故要尊重事实，分清责任，以有关法律规定和旅游协议书为依据，保护当事人各方的合法权益。

第二节　技术性事故的预防与处理

一、漏接的预防及处理

漏接是指旅游团（者）抵达后，无导游人员迎接的现象。漏接无论是何原因引起，都会造成游客抱怨、发火，这都是正常的。导游人员应尽快消除游客的不满情绪，做好工作。

（一）由于主观原因所造成的漏接

1. 主观原因的情况

（1）工作疏忽。导游人员没有认真阅读接待计划，对旅游团（者）抵达的日期、时间、地点搞错。

（2）迟到。导游人员未按照服务程序要求提前抵达接站地点。

（3）没看变更记录。因某种原因，原定车次、班次变更，旅游团提前到达，但导游人员未阅读变更通知而仍按照原计划去接团。

（4）没查对新的航班时刻表。新旧时刻表交替，导游人员没有核对新时刻表，而仍按照旧时刻表时间接待。

（5）导游人员举牌接站的地方选择不当。导游人员举牌接站时未在出站口接待而导致漏接。

2. 处理方法

（1）实事求是地解释漏接原因，诚恳地向游客赔礼道歉，求得谅解。

（2）因漏接而引起的费用问题（如：游客乘出租车到饭店的车费），导游人员应主动将费用赔付客人。

（3）在今后的带团过程中，导游人员应该采取弥补措施，用更加热情周到的服务取得游客的谅解和信任，以求尽快消除因漏接而给客人造成的不愉快情绪。

（二）由于客观原因造成的漏接

1. 客观原因的情况

（1）因上一站接待社将旅游团原定的班次或车次变更而提前抵达，但漏发变更通知，造成漏接。

（2）接待社已接到变更通知，但有关人员没有能及时通知该团地陪，使导游人员仍按照原计划去接团而造成漏接。

（3）司机迟到，未能按时到达接站地点，造成漏接。

（4）由于交通堵塞或其他预料不到的情况发生，未能及时抵达机场（车站），造成漏接。

（5）由于国际航班提前抵达或游客在境外中转站乘其他航班未按时到达而造成漏接。

2. 处理方法

（1）立即与接待社联系，告知现状，查明原因。

（2）耐心向游客作解释工作，消除误解。

（3）尽量采取弥补措施努力完成计划，使游客的损失降到最低限度。

（4）必要时请接待社领导出面赔礼道歉，或酌情给游客一定的物质补偿。

（三）漏接的预防

1. 认真阅读计划

导游人员接到任务后，应了解旅游团抵达的日期、时间、接站地点［具体是哪个机场（车站、码头）］并亲自核对清楚。

2. 核实交通工具到达的准确时间

旅游团抵达的当天，导游人员应与旅行社有关部门联系，弄清班次或车次是否有变更，并及时与机场（车站、码头）联系，核实抵达的确切时间。

3. 提前抵达接站地点

导游人员应与司机商定好出发时间，保证按规定提前半小时到达接站地点。

二、空接的原因及处理

空接是指由于某种原因旅游团推迟抵达某站，导游人员仍按原计划接站而没有接到旅游团。

（一）空接事故的原因

1. 接待社没有接到上一站的通知

由于天气原因或某种故障，旅游团（者）仍滞留在上一站或途中。而上一站旅行社并不知道这种临时的变化，没有通知下一站接待社。此时，全陪或领队也无法通知接待社，因此，造成空接。

2. 上一站忘记通知

由于某种原因，上一站旅行社将该团原定的航班（车、船次）变更，变更后推迟抵达。但上一站有关人员由于工作疏忽，没有通知下一站接待社，造成空接。

3. 没有通知地陪

接到了上一站的变更通知，但接待社有关人员因为忘记而没有及时通知该团地陪，造成空接。

4. 游客本身原因

由于游客本人生病、急事或其他原因，临时决定取消旅游，没乘飞机或火车前往下一站，但又没及时通知下一站接待社，造成空接。

（二）空接的处理

（1）导游人员应立即与本社有关部门联系，查明原因。

（2）如推迟时间不长，可留在接站地点继续等候，迎接旅游团的到来，同时要通知各接待单位。

（3）如推迟时间较长，导游人员按本社有关部门的安排，重新落实接团事宜，包括接站时间、预订饭店、餐馆、用车等。

三、错接的预防及处理

错接是指导游人员在接站时未认真核实，接了不应由他接的旅游团（者）。错接属于责任事故。

（一）错接的预防

（1）导游人员应提前到达接站地点并尽快迎接旅游团，接站时应佩戴有醒目标志的工作牌、接站牌等。

（2）接团时认真核实。导游人员要认真逐一核实旅游客源地派出方旅行社的名称、旅游目的地组团旅行社的名称、旅游团的代号、人数、领队姓名（无领队的团要核实游客的姓名）、下榻饭店等。

（3）提高警惕，严防社会其他人员非法接走旅游团。

（二）错接的处理

一旦发现错接，地陪应立即采取措施：

（1）报告领导。发现错接后马上向接待社有关人员报告，查明错接团的情况，再做具体处理。

（2）将错就错。如果经调查核实，错接发生在本社的两个旅游团之间，两个导游人员又同是地陪，两名地陪将接待计划交换之后就可继续接团。

（3）必须交换。经核查，错接的团是两家接待社的团，必须交换旅游团。两个团都属于一个旅行社接待，但两个导游人员中有一名是地陪兼全陪，那么，就应该交换旅游团。

（4）地陪要实事求是地向游客说明情况，并诚恳地道歉，以求得游客的谅解。

（5）如发生其他人员（非法导游）将游客带走，应马上与饭店联系，看客人是否已住进应下榻的饭店。

四、误机（车、船）事故的预防与处理

误机（车、船）事故是指因故造成旅游团（者）没有按原定航班（车次、船次）离开本站而导致暂时滞留。误机（车、船）是重大事故，不仅给旅行社带来巨大的经济损失，还会使游客蒙受经济或其他方面的损失，严重影响旅行社的声誉。导游人员要高度认识误机（车、船）的严重后果，杜绝类似事故的发生。

（一）误机（车、船）事故的原因

1. 客观原因导致的非责任事故

由于游客出发时间拖延过久或者走失、不听安排或者由于途中遇到交通事故、严重堵车、汽车发生故障等突发情况造成迟误。

2. 主观原因导致的责任事故

（1）因导游人员安排时间不当，使旅游团（者）没能按规定时间到达机场（车站、码头）。

（2）导游人员没有认真核实交通票据，将抵离的时间或地点搞错。

（3）班次（车次、船次）发生变更，但接待社有关人员没有及时通知导游人员。

（二）误机（车、船）事故的预防

误机（车、船）带来的后果严重。杜绝此类事故的发生关键在预防，地陪应做到：

（1）地陪、全陪要提前做好旅游团离站交通票据的落实工作，认真核实机（车、船）票的班次（车次、船次）日期、时间及在哪个机场（车站、码头）乘机（车、船）等。

（2）如果票据未落实，接团期间应随时与接待社有关人员保持联系，了解班次（车次、船次）有无变化。没有行李车的旅游团在拿到票据核实无误后，地陪应立即将其交到全陪或游客手中。

(3) 离开当天不要安排旅游团到范围广、地域复杂、偏远的景点参观游览，不要安排旅游团到热闹的场所购物或自由活动。

(4) 留有充足的时间去机场（车站、码头），要考虑到交通堵塞或突发事件等因素。

(5) 保证按规定的时间到达机场（车站、码头）。

（三）误机（车、船）事故的处理

一旦发生误机（车、船）事故，导游人员应按照下列步骤进行处理：

(1) 导游人员应立即向旅行社领导及有关部门报告并请求协助。

(2) 地陪和旅行社要尽快与机场（车站、码头）联系，争取让游客改乘最近班次的交通工具离开本站，或采取包机（车厢、船）或改乘其他交通工具前往下一站。

(3) 稳定旅游团（者）的情绪，安排好在当地滞留期间的食宿、游览等事宜。

(4) 及时通知下一站，对日程作相应的调整。

(5) 向旅游团（者）说明真实情况并赔礼道歉。

(6) 写出事故报告，查清事故的原因和责任，责任者应承担经济损失并受相应的处分。

五、计划或活动日程变更的处理

旅游活动中计划被更改一般有两种情况：

（一）旅游团（者）要求变更计划行程

在旅游过程中，由于种种原因，游客向导游人员提出变更旅游路线或旅游日程时，原则上应按旅游合同执行；遇有较特殊的情况或由领队提出，导游人员也无权擅自做主，须要上报组团社或接待社有关人员，经有关部门同意，并按照其指示和具体要求做好变更工作。

（二）客观原因需要变更计划和日程

旅游过程中，因客观原因、不可预料的因素（如天气、自然灾害、交通问题等），造成旅游团不能按计划时间抵达和离开，迫使旅游团变更旅游计划、路线和活动日程时，地陪应主动与全陪配合，向旅游团做好解释工作，稳定游客情绪，及时将旅游团的意见反馈给组团社和接待社，并根据组团社和接待社的安排做好工作。此种变更一般会出现三种情况，针对不同情况要有灵活的应变措施。

1. 缩短或取消在某地的游览时间

(1) 旅游团（者）抵达时间延误，造成旅游时间缩短

① 仔细分析因延误带来的困难和问题，并及时向接待社外联或计调部门报告，以

便将情况尽快反馈给组团社,找出补救措施。

② 在外联或计调部门的协助下,安排落实该团交通、住宿、游览等事宜。提醒有关人员与饭店、车队、餐厅联系及时办理退房、退餐、退车等一切相关事宜。

③ 地陪应立即调整活动日程,压缩在每一景点的活动时间,尽量保证不减少计划内的游览项目。

(2) 旅游团(者)提前离开,造成游览时间缩短

① 立即与全陪、领队商量,尽可能采取补救措施;立即调整活动时间,抓紧时间将计划内游览项目完成;若有困难,无法完成计划内所有游览项目,地陪应选择最有代表性、最具特色的重点旅游景点,以求游客对游览景点有个基本的了解。

② 做好游客的工作:不要急于将旅游团提前离开的消息告诉旅游团(者),以免引起游客的不安。待与领队、全陪制订新的游览方案后,找准时机向旅游团中有影响的游客实事求是地说明困难,诚恳道歉,以求得谅解,并将变更后的安排向他们解释清楚,争取他们的认可和支持,最后分头做游客的工作。

③ 地陪应通知接待社计调部门或有关人员办理相关事宜,如:退饭店、退餐、退车等。

④ 给予游客适当的补偿:必要时经接待社领导同意可采取加菜、风味餐、赠送小纪念品等物质补偿的办法。如果旅游团的活动受到较大的影响,游客损失较大而引起强烈的不满时可请接待社领导出面表示歉意,并提出补偿办法。

⑤ 若旅游团(者)提前离开,全陪应立即报告组团社,并通知一下站接待社。

2. 延长旅游时间

游客提前抵达或推迟离开都会造成延长游览时间而变更游览日程。出现这种情况,地陪应该采取以下措施:

(1) 落实有关事宜:与接待社有关部门或有关人员联系,重新落实旅游团(者)的用房、用餐、用车的情况,并及时落实离站的机(车、船)票。

(2) 迅速调整活动日程:适当地延长在主要景点的游览时间。经组团社同意后,酌情增加游览景点,努力使活动内容充实。

(3) 提醒接待有关人员通知下一站该团的日程变化。

(4) 在设计变更旅游计划时,地陪要征求领队和全陪的建议和要求,共同商量,取得他们的支持和帮助。改变旅游计划之后,应与领队、全陪商量好如何向团内游客解释说明,取得他们的谅解与支持。

3. 逗留时间不变,但被迫改变部分旅游计划

出现这种情况,肯定是外界客观原因造成。如:大雪封山,维修改造进入危险阶段等。这时导游人员应采取如下措施:

(1) 实事求是地将情况向游客讲清楚,求得谅解。

（2）提出由另一景点代替的方案，与游客协商。

（3）以精彩的导游讲解，热情的服务激起游客的游兴。

（4）按照有关规定做些相应补偿，如：用餐时适当地加菜，或将便餐改为风味餐，赠送小礼品等。必要时，由旅行社领导出面，诚恳地向游客表示歉意，尽量让客人高高兴兴地离开。

第三节　游客人身安全事故的预防与处理

在参观游览过程中，可能会出现游客走失、患病、突发急症、受伤，甚至是死亡等人身安全事故，事故的发生可能给游客的生理和心理造成伤害，导游人员应该妥善处理，减少对游客的伤害和旅行社的损失。

一、游客走失的预防

在参观游览或自由活动时，时常有游客走失的情况，原因多种，不一定是导游人员的责任。无论哪种原因造成的游客走失都会影响游客的情绪、有损带团质量。导游人员只要有责任心，肯下功夫，周到细致地工作，就可以降低这种事故的发生率。一旦发生这种事故，也要立即采取有效措施以挽回不良影响。

（一）游客走失的原因

（1）导游人员没有向游客讲清车号、停车位置或景点的游览路线。

（2）游客对某种现象和事物产生兴趣，或在某处摄影滞留时间较长而脱离团队自己走失。

（3）在自由活动、外出购物时，游客没有记清饭店地址和路线而走失。

（二）游客走失的预防措施

1. 做好提醒工作

（1）在游客单独外出时，导游人员要提醒游客记住接待社的名称，旅行车的车号和标志，下榻饭店的名称、电话号码、地址，带上饭店的名片等。

（2）团体游览时，地陪要提醒游客不要走散；自由活动时，提醒游客不要走得太远，不要回饭店太晚，不要去热闹、拥挤、秩序混乱的地方，随身带好饭店名片。

2. 做好各项活动的安排和预报

（1）在出发前或旅游车离开饭店后，导游人员要向游客报告一天的行程，上、下午游览点和吃中、晚餐餐厅的名称和地址。

（2）车要进入游览点之前，导游人员要告知全体游客旅游车的停车地点、车号及车的特征，并告知开车时间。

（3）到游览点后，在景点示意图前，导游人员要向游客介绍游览线路、所需时间，强调集合时间和地点，再次提醒旅游车的特征和车号。

3．时刻和游客在一起，经常清点人数

导游人员要时刻注意游客的动向，经常清点人数，随时提醒他们不要在一地滞留太久，以免掉团。

4．地陪、全陪和领队应密切配合

全陪和领队要主动负责做好旅游团的断后工作。

5．导游人员要以高超的导游技巧和丰富的讲解内容吸引游客

导游人员讲解的内容是否丰富，导游技巧是否运用巧妙，直接关系到游客的注意力能否集中。

二、游客走失的处理

（一）游客在旅游景点走失

1．了解情况，迅速寻找

导游人员应立即向团内其他游客、景点工作人员了解情况并迅速分头寻找，并约定好集合地点。地陪、全陪和领队要密切配合，一般情况下是全陪、领队分头去找，地陪带领其他游客继续游览，游览时适当加快节奏，方便的话，可以游览完毕先把其余游客送回饭店安顿，自己再脱身协助寻找。

2．寻求帮助

在经过认真寻找仍然找不到走失者时，应立即向游览地的派出所和管理部门求助，特别是面积大、范围广、进出口多的游览点，因寻找工作难度较大，争取当地有关部门的帮助尤其必要。

3．与饭店联系

在寻找过程中，导游人员可与饭店前台、楼层服务台联系，请他们注意该游客是否已经回到饭店。

4．向旅行社报告

如采取了以上措施仍找不到走失的游客，地陪应向旅行社及时报告并请求帮助，必要时请示领导，向公安部门报案。

5．做好善后工作

找到走失的游客后，导游人员要做好善后工作，分析走失的原因。如属导游人员的

责任，导游人员应向游客赔礼道歉；如果责任在走失者，导游人员也不应指责或训斥对方，而应对其进行安慰，讲清利害关系，提醒以后注意。

6. 写出事故报告

若发生严重的走失事故，导游人员要写出书面报告，详细记述游客走失经过、寻找经过、走失原因、善后处理情况及游客的反映等。

（二）游客在自由活动时走失

1. 立即报告接待社和公安部门

导游人员在得知游客自己在外出时走失，应立即报告旅行社领导，请求指示和帮助；通过有关部门向公安局管区派出所报案，并向公安部门提供走失者详细的特征和相关情况，请求沿途寻找。

2. 做好善后工作

找到走失者，导游人员应表示高兴；问清情况，安抚因走失而受惊吓的游客，必要时提出善意的批评，提醒其引以为戒，避免走失事故再次发生。

3. 治安事故或其他事故处理

若游客走失后，出现其他情况如受伤、被偷盗、被抢劫等，应视具体情况作为治安事故或其他事故处理。

三、游客患病的预防与处理

（一）游客患病的预防

游客从居住地到旅游目的地，经过长途旅行的劳累，加上气候变化、水土不服、起居习惯改变等原因，使得体力消耗较大，团中年纪大、有慢性病、体质弱的游客较难适应，会引发一些游客患病。导游人员应从多方面了解游客的身体状况，照顾好他们的生活，经常关心、提醒，避免人为的原因致使游客生病。

1. 了解旅游团成员的健康状况

导游人员可以通过多方面了解本团游客的健康状况，做到心中有数。接团前通过研究接待计划了解本团成员的年龄构成；从接到旅游团时起，地陪可从领队处、在游客之间、通过察言观色了解团内有无需要特殊照顾的患病游客，预防突发疾病的发生。

2. 游览项目选择有针对性

了解了本团的年龄构成以后，导游人员应该选择适合这一年龄段游客的游览路线，如旅游团中老年人占的比重较大，导游人员制订计划、安排活动日程时要留有充分的余地，活动节奏不要太快，做好劳逸结合；体力消耗大的项目不要集中安排；晚间活动安排时间不宜过长;游览过程中有索道和步行上下山,老年人多的团可选择坐缆车上下山而不要步行上下山。

3. 安排活动日程要留有余地

安排活动要做到劳逸结合,使游客感到轻松愉快;不要将一天的游览活动安排得太多、太满;更不能将体力消耗大、游览项目多的景点集中安排,要有张有弛;晚间活动的时间不宜安排得过长。

4. 随时提醒游客注意饮食卫生

提醒游客不要买小贩的不洁食品,不要喝生水。

5. 及时报告天气变化

导游人员应该做好天气预报工作,要根据每天的天气预报提醒游客随着天气的变化及时增减衣服,带雨具、穿戴适宜的鞋帽等。尤其是炎热的夏季要多喝水注意防中暑。另外适当调整游览时间,保证客人有充足的休息时间。

(二) 游客患一般疾病的处理

若游客在旅游期间感到身体不适或患一般疾病,如:感冒、发烧、水土不服、晕车、失眠、便秘、腹泻等,这时导游人员应该:

(1) 劝其及早就医,注意休息,不要强行游览。在游览过程中,导游人员要观察游客的神态、气色,发现游客的不适时,应多加关心,照顾其坐在较舒服的座位上,或留在饭店休息,但一定要通知饭店给予关照切不可劝其强行游览。游客患一般疾病时,导游人员应劝其及早去医院就医。

(2) 关心患病的游客。对因病没有参加游览活动,留在饭店休息的游客,导游人员要主动前去询问身体状况,必要时通知餐厅为其提供送餐服务,还可以与饭店大堂经理联系,关注该游客的身体状况。

(3) 需要时,导游人员可陪同患者前往医院就医,但应向患者讲清楚,所需费用自理。提醒其保存诊断证明和收据。

(4) 严禁导游人员擅自给患者用药。

(三) 游客突然发病的处理

游客可能会在前往景点途中、参观游览时、饭店食宿等情况下突然发病,导游人员应做到:

(1) 第一时间采取必要措施,确保游客生命安全。

(2) 导游人员采取必要措施,妥善安置患病游客后,及时将情况向接待社领导和有关人员报告。

(3) 患者就医,一般由全陪、领队、病人亲友同往医院。如无全陪和领队,导游人员应该向上级领导报告，告知患者具体情况，请求指示和派人协助。

（4）妥善安置患病游客，并向接待社请示报告后，根据接待社指示安排好其他游客行程。

（5）及时与患者陪护人员联系。

第四节　游客财产安全事故的预防与处理

财产安全事故是指游客在游览过程中因各种原因而导致自己随身携带的财物丢失或者被盗。针对游客的财产安全事故，导游人员应该找到问题所在，正确处理，以保证游览过程的顺利进行。

一、证件、钱物、行李遗失的预防

旅游期间，游客丢失证件、钱物、行李的现象时有发生，不仅给游客造成诸多不便和一定的经济损失，也给导游人员的工作带来不少麻烦和困难。导游人员应经常关注游客这些方面的情况，采取各种措施预防此类问题的发生。一旦发生此类问题，导游人员要及时正确地处理。

（1）多做提醒工作。参观游览时，导游人员要提醒游客带好随身物品和提包；在热闹、拥挤的场所，导游人员要提醒游客保管好自己的钱包、提包和贵重物品；离开饭店时，导游人员要提醒游客带好随身行李物品，检查是否带齐了旅行证件；下车时提醒游客不要将贵重物品留在车上。

（2）不代为游客保管证件。导游人员在工作中需要游客的证件时，要经由领队收取，用毕立即如数归还，不要代为保管；还要提醒游客保管好自己的证件。

（3）切实做好每次行李的清点、交接工作。

（4）每次游客下车后，导游人员都要提醒司机清车、关窗并锁好车门。

二、丢失钱物的处理

针对游客丢失钱物，首先要做的是稳定失主情绪，详细了解物品丢失的经过，物品的数量、形状、特征、价值。仔细分析物品丢失的原因、时间、地点，并迅速判断丢失的性质：是不慎丢失还是被盗。

（一）游客不慎丢失钱物的处理

（1）立即向公安局以及保险公司报案（特别是贵重物品的丢失）；

（2）及时向接待社领导汇报，听取领导指示；

（3）帮助游客，按照规定开具丢失物品相关证明，为入境游客出海关及游客向保险公司索赔提供资料；

（4）若旅游团结束时仍未破案，可根据失主丢失钱物的时间、地点、责任方等具体情况做好善后处理。

（二）游客钱物被盗的处理

发生财物特别是贵重物品被盗是治安事件，导游人员应立即向公安机关及有关部门报警，及时向接待社领导汇报，听取领导指示，并积极配合有关部门早日破案，挽回不良影响；若不能破案，导游人员要尽力安慰失主，帮助失主办理后续索赔等手续。

三、行李遗失的处理

（一）境外游客在入境途中丢失行李

境外游客在乘坐飞机入境途中丢失行李，虽然不是导游人员的责任，但应帮助游客查找。

（1）带失主到机场失物登记处办理行李丢失和认领手续。失主须出示机票及行李牌，详细说明始发站、转运站，说清楚行李件数及丢失行李的大小、形状、颜色、标记、特征等，并一一填入失物登记表；将失主下榻饭店的名称、房间号和电话号码（如果已经知道的话）告诉登记处并记下登记处的电话和联系人，记下有关航空公司办事处的地址、电话，以便联系。

（2）游客在当地游览期间，导游人员要不时打电话询问寻找行李的情况，一时找不回行李，要协助失主购置必要的生活用品。

（3）离开本地前行李还没有找到，导游人员应帮助失主将接待旅行社的名称、全程旅游线路以及各地可能下榻的饭店名称转告有关航空公司，以便行李找到后及时运往适宜地点交还失主。

（4）如行李确系丢失，失主可向有关航空公司索赔或按国际惯例赔偿。

（二）游客在我国境内旅游期间丢失行李

游客在我国境内旅游期间丢失行李，一般是在三个环节上出了差错，即：交通运输部门、饭店行李部门和旅行社的行李员。导游人员必须认识到，不论是在哪个环节出现的问题，都应积极设法负责查找。

（1）仔细分析，找出差错的线索或环节

① 如果游客在机场领取行李时找不到托运行李，很有可能是上一站行李交接或机场行李托运过程中出现了差错。这时，全陪应马上带领失主凭机票和行李牌到机场行李查询处登记办理行李丢失或认领手续，并由失主填写行李丢失登记表。地陪立即向接待社领导或有关人员汇报，安排有关人员与机场、上一站接待社、有关航空公司等单位联

系，积极寻找。

② 如果抵达饭店后，游客告知没有拿到行李，则可能有四种情况。其一，本团游客误拿。其二，饭店行李部投递出错。其三，旅行社行李员与饭店行李员交接时有误。其四，在往返运送行李途中丢失。

出现这种情况，地陪应立即依次采取以下措施：

a. 地陪与全陪、领队一起先在本团内寻找。

b. 如果不是以上原因，应立即与饭店行李部取得联系，请其设法查找。

c. 如果仍找不到行李，地陪应马上向接待社领导或有关部门汇报，请其派人了解旅行社行李员有关情况，设法查找。

（2）做好善后工作

主动关心失主，对因丢失行李给失主带来的诸多不便表示歉意，并积极帮助其解决因行李丢失而带来的生活方面的困难。

（3）随时联系

随时与有关方面联系，询问查找进展情况。

（4）若行李找回，及时将找回的行李归还失主

若确定行李已丢失，由责任方负责人出面向失主说明情况，并表示歉意。

（5）帮助失主根据有关规定或惯例向有关部门索赔

若丢失的行李中有入海关时已经登记而在出海关时须携带出境或已投保的贵重物品，应协助失主在接待社开具证明，再由失主持旅行社的证明到当地公安局开具遗失证明，以备出海关时查验和向保险公司理赔。

（6）事后写出书面报告

书面报告的内容包括：行李丢失的原因、经过、查找过程、赔偿情况及失主和其他团员的反映。

第五节　突发性事故的处理

自 2016 年 12 月 1 日起施行的《旅游安全管理办法》中指出："旅游突发事件，是指突然发生，造成或者可能造成游客人身伤亡、财产损失，需要采取应急处置措施予以应对的自然灾害、事故灾难、公共卫生事件和社会安全事件。"这些事故往往发生突然，要求处理迅速、得当。

一、突发自然灾害和事故灾难事件的应急救援处理

1. 立即向当地有关部门报告并获取救援

当自然灾害和事故灾难影响到旅游团队人员的人身安全时，随团导游人员在与当地

有关部门取得联系争取救援的同时，应立即向当地旅游行政管理部门报告情况。

2. 迅速向接待社报告

地陪应迅速向接待社领导和有关人员报告，讲清自然灾害和事故灾难的发生和游客伤亡情况，请求派人前来帮助和指挥事故的处理，并要求派车把未伤和轻伤的游客接走送至饭店或继续旅游活动。

3. 若有游客受伤，应全力救助受伤游客

若因事故造成游客受伤，导游人员应组织现场人员抢救受伤游客，特别是抢救重伤游客，迅速打电话叫救护车或者拦车将伤者尤其是重伤者尽快送至就近医院医治。导游人员应当采取合理、必要的措施救助受害游客，控制事态发展，防止损害扩大。

4. 做好游客安抚及事故善后工作

导游人员在做好抢救、安置受伤游客的同时，做好其他游客的安抚工作，条件允许的情况下力争按计划继续组织游览活动，并做好受伤游客事故善后工作。

二、突发重大传染病疫情的应急救援处理

1. 立即向当地有关部门报告并服从安排

旅游团队在行程中发现疑似重大传染病疫情时，导游人员应立即向当地卫生防疫部门报告，服从卫生防疫部门作出的安排。同时向当地旅游行政管理部门报告，并提供团队的详细情况。

2. 迅速向接待社报告并配合有关部门做好相关工作

导游人员应迅速向接待社报告有关情况，并要积极主动配合当地卫生防疫部门做好旅游团队住宿的旅游饭店的消毒防疫工作，以及游客的安抚、宣传工作。如果卫生防疫部门作出就地隔离观察的决定后，导游人员应配合旅游团队所在地旅游行政管理部门积极安排好游客的食宿等后勤保障工作；并及时将有关情况向接待社报告。

3. 积极配合调查工作

导游人员应积极主动配合卫生防疫部门对旅行团的流行病学调查工作，为防疫工作提供帮助。

4. 做好游客安抚及事故善后工作

导游人员在配合做好防疫及调查工作的同时，做好游客的安抚工作，并做好善后工作。

三、重大食物中毒事件的应急救援处理

1. 立即向当地有关部门报告

旅游团队在行程中发生重大食物中毒事件时，导游人员应立即与卫生医疗部门取得

联系争取救助，同时向所在地旅游行政管理部门报告。

2．迅速向接待社报告并配合有关部门做好相关工作

导游人员要及时将重大食物中毒事件有关情况向接待社报告，并协助卫生、检验检疫等部门认真检查团队用餐场所，找出源头，采取相应措施。

3．做好游客安抚及事故善后工作

导游人员在配合做好食物中毒事件处理工作的同时，做好游客的安抚工作，并对食物中毒游客做好善后工作。

典型案例

案例一　疏忽铸大错

事情经过：

某旅游团按通知将乘坐8月30日1301班机于14：15由A地飞往B地，9月1日晨离B地飞往C地。7月26日有关人员订机票时，该航班已满员，便改订了同日的3102班机的票（12：05起飞）。订票人员当即在订票单上注明："注意航班变化，十二点五分起飞"，并将订票单附在通知上，送到接待部门。但接待部门没有注意航班的变化，仍按原通知中的航班起飞时间安排活动日程，并预定了起飞当日的午饭。日程表送到饭店内勤处后，内勤也没有核对把关，错误地认为有关的导游人员应该知道航班的变化。因此，内勤只通知了行李员航班变化的时间，而没有通知导游人员。8月30日上午9：00行李员发现导游人员留条上写的时间与他的任务单上的时间不符，虽然提醒也没有引起导游人员应有的注意，结果造成了误机的重大责任事故。

案例点评：

本案例因为计划变更没有及时通知到导游人员，行李员提醒也没引起导游人员的注意，因此出现了误机的责任事故。如果内勤做工作更细一些，通知下到导游人员处，本事故就可以避免。

案例二　购物带来的误车

事情经过：

KZH1015团将于10月17日17：40乘火车离A市赴E市。地陪小胡带领该团游览结束后，于16：00将该团带到市中心购物。16：40全团上车后发现少了两名客人。于是小胡让领队照顾全团在原地等候，自己和全陪分头去找这两名客人。等找到客人，回到车上时，离火车开车时间只有二十分钟了。驾驶员立即开车，可是汽车抵达火车站时，火车已驶离站台。

案例点评：

（1）造成这次误车事故的原因是：

① 不应安排旅游团在快离开本地前到市中心购物。

② 地陪、全陪不应分头去找人，而是地陪应将车票交全陪，请他带团前往火车站；地陪去寻找未归者，找到后坐出租车赶往火车站。

（2）地陪应采取的补救措施为：

① 立即与车站调度室联系，商量怎样尽早让旅行团离开本地；

② 报告旅行社领导，请示处理意见；

③ 请旅行社有关部门安排好该团的食宿；

④ 请旅行社有关部门通知 E 市接待旅行社，该团不能按原计划抵达 E 市；

⑤ 安排好该团离开 A 市前的游览活动；

⑥ 妥善处理行李；

⑦ 离开 A 市的车次确定后，提醒内勤及时通知 E 市接待旅行社。

案例三　空接

事情经过：

某旅游团计划于 2 月 5 日乘 CA×××× 航班由 A 市飞抵 B 市，导游人员小孟按接待计划上的时间前往机场，但未能接到该团，试分析小孟未接到该团的可能原因；如果该团推迟到第二天上午抵达，小孟该怎么办？

案例点评：

1. 小孟没有接到旅游团的主要原因可能有以下三点：

（1）由于天气等方面的原因，原航班的飞机提前起飞，旅游团抵达后自行前往饭店。或由于天气原因，或因机械故障，或因旅游团误了原航班飞机，致使旅游团没能按时到达。但不管什么原因，旅游团提前或推迟抵达，A 市的接待旅行社没有将这一更改及时通知 B 市的接待旅行社。

（2）B 市接待旅行社已经接到更改通知，但值班人员忘记通知导游人员，或没能找到导游人员。

（3）地陪小孟接到了更改通知，但他粗心大意，没有将其记住；前往机场前他也没有去旅行社了解是否有更改通知等。

2. 如果旅游团将于第二天上午抵达 B 市，小孟或旅行社应通知餐宿接待单位退掉当天的餐宿，预定第二天的餐宿；重新安排在 B 市的活动日程；与司机商定第二天接团的时间。

案例四　真诚的效应

事情经过：

一个去昆明观光游览的旅游团，当他们高高兴兴地来到行李输送机前，团中一名女游客发现少了一只自己的行李箱，箱内有许多生活必需品和一些贵重物品。这名女游客十分着急，一时也不知道该怎么办才好。这时，导游人员一面安慰她，一面积极地采取措施。他从去机场失物登记处办理有关手续，到帮助失主购置必要的生活用品，从向航空公司申请索赔，到沿途参观游览时不断地打电话询问关于行李的下落……每一件事都主动热心去办，他的帮助就像无声的安慰，给人以鼓励，给人以关怀，给人以温暖。这位女游客在旅途即将结束时，深有体会地说："虽然我的行李不见了，我在经济上受到了损失，但是，我得到的却是导游一颗火热的心……"

这就是真诚的效应。

案例点评：

在旅游活动中游客丢失行李是一件十分恼火的事情，导游人员在处理的时候必须热情、主动，采取任何措施尽量挽回客人的损失，本案例中导游人员的真诚换取了游客的心，成功地解决了游客丢失行李的问题。

本章小结

在旅游过程中常见的事故有技术性事故、游客人身安全事故、游客财物安全事故、突发性事故等。任何事故的发生都会导致游览活动的不愉快，在旅游过程中导游人员要努力采取各种方式预防出现这些事故。一旦事故发生，导游人员要采取各种必要措施去处理，尽量将事故的损失和负面影响降低到最低限度。

复习思考题

1. 怎样做好事故的预防？
2. 处理事故应当遵循哪些基本原则？
3. 常见的技术性事故有哪些？怎样预防和处理？
4. 什么是"错接事故"？怎样处理错接事故？如何避免？
5. 怎样预防误机（车、船）事故的发生？
6. 常见的安全性事故有哪些？怎样预防和处理？需要掌握哪些常识？
7. 遇到突发性事件，导游人员应怎么办？有哪些应急措施？
8. 怎样避免游客走失事故的发生？

实训题

将部分同学分成 A、B 两组。A 组扮演游客，模拟表演各种事故情节；B 组扮演导游，根据 A 组同学提供的情节作应对，提供具体方案；其余同学作评判。

第七章 导游实务相关知识

> 学习目标
> ① 掌握旅行社业务知识。
> ② 掌握旅行社旅游产品的概念及类型。
> ③ 掌握旅游卫生保健知识。
> ④ 掌握旅游安全知识。
> ⑤ 了解社交礼仪知识。

第一节 旅行社业务知识

一、旅行社的概念与主要业务

(一)旅行社的概念

依据我国《旅行社条例》,旅行社是指从事招徕、组织、接待旅游者等活动,为旅游者提供相关旅游服务,开展国内旅游业务、入境旅游业务或者出境旅游业务的企业法人。

申请经营国内旅游业务和入境旅游业务的,应当取得企业法人资格,并且注册资本不少于 30 万元。经营国内旅游业务和入境旅游业务的旅行社,应当存入质量保证金 20 万元;经营出境旅游业务的旅行社,应当增存质量保证金 120 万元。

(二)旅行社的主要业务

依据我国《旅行社条例实施细则》,旅行社从事招徕、组织、接待旅游者等活动,为旅游者提供相关旅游服务，主要包括：安排交通服务；安排住宿服务；安排餐饮服务；安排观光游览、休闲度假等服务；导游、领队服务；旅游咨询、旅游活动设计服务。旅行社还可以接受委托，提供下列旅游服务：

（1）接受游客的委托，代订交通客票、代订住宿和代办出境、入境、签证手续等，出境、签证手续等服务应当由具备出境旅游业务经营权的旅行社代办；

（2）接受机关、事业单位和社会团体的委托，为其差旅、考察、会议、展览等公务活动，代办交通、住宿、餐饮、会务等事务；

（3）接受企业委托，为其各类商务活动、奖励旅游等，代办交通、住宿、餐饮、会务、观光游览、休闲度假等事务；

（4）其他旅游服务。

旅行社开展的国内旅游业务，是指旅行社招徕、组织和接待中国内地居民在境内旅游的业务。入境旅游业务，是指旅行社招徕、组织、接待外国游客来我国旅游，香港特别行政区、澳门特别行政区游客来内地旅游，台湾地区居民来大陆旅游，以及招徕、组织、接待在中国内地的外国人，在内地的香港特别行政区、澳门特别行政区居民和在大陆的台湾地区居民在境内旅游的业务。出境旅游业务，是指旅行社招徕、组织、接待中国内地居民出国旅游，赴香港特别行政区、澳门特别行政区和台湾地区旅游，以及招徕、组织、接待在中国内地的外国人、在内地的香港特别行政区、澳门特别行政区居民和在大陆的台湾地区居民出境旅游的业务。

二、旅行社的旅游产品

（一）旅游产品的概念

在旅行社的经营范畴中，旅游产品又称为旅游服务品，它是由实物产品和服务产品综合构成，向游客销售的旅游项目。其特征是服务为产品构成的主体，其具体表现主要有线路、活动和食宿等。

（二）旅游产品的类型

1. 按旅游产品组成状况划分

（1）整体旅游产品。它是旅行社根据市场需求为游客编排组合的内容、项目各异的旅游线路。具体表现为各种形式的包价旅游。

（2）单向旅游产品。它是指旅游服务的提供方向游客提供的单一服务项目，如导游讲解、饭店客房等。

2. 按旅游产品形态划分

（1）团体包价旅游。指由10名及以上游客组成，采取一次性预付费的方式，有组织地按照预定行程计划进行的旅游形式。服务项目一般包括：客房服务，导游服务，早餐、正餐服务，交通集散地接送服务等多项内容。

（2）散客包价旅游。指9名及以下游客采取一次性预付旅费的方式，有组织地按照预定行程计划进行的旅游形式。服务项目与团体包价相同。

（3）半包价旅游。是在全包价的基础上，扣除行程中的每日午、晚餐费用的一种旅游包价形式。此种产品的设计目的是降低产品的直观价格，从而增强其市场竞争力，同时便于游客自由感受旅游目的地地方风味。

（4）小包价旅游。又被称为选择性旅游，包括非选择性部分和可选择性部分。非选择性部分包括住宿、早餐、机场（车站、码头）至饭店的接送和城市间的交通费用，此部分费用由游客旅游前预付；可选部分包括导游服务、午晚餐、参观游览、欣赏文艺节目和品尝风味等，其费用由游客旅游前预付，或者在旅游时现付。小包价旅游对游客具有多方面的优势，主要表现在明码标价、经济实惠、手续简单和灵活机动等方面。

（5）零包价旅游。这是一种特殊的包价形式。购买此种产品的游客必须随团前往和离开旅游目的地，但在目的地的活动完全自由。选择这种旅游形式的游客可享受团体机票的价格优惠，同时由旅行社统一代办旅游签证。

（6）组合旅游。组合旅游产生于20世纪80年代，购买此种产品的游客从不同的地方分别前往旅游目的地，在旅游目的地组成旅游团，按当地旅行社事先的安排进行旅游活动。

（7）单项服务。是旅行社根据游客的具体要求而提供的按单项计价的服务。其服务项目有导游服务、交通集散地接送服务、代办交通票据和文娱票据、代订饭店客房等。

第二节　社交礼仪知识

礼仪是社会进步文明的标志，也是人们在社会交往中行为的规范。导游服务礼仪是导游人员思想道德、文化修养、交际能力的表现，是整个导游工作的轴心。规范、得体的导游服务不仅体现出导游人员良好的素质，还可以反映出一个旅游目的地的形象。因此，导游人员要加强导游服务礼仪意识，从仪容、仪表、仪态各个方面提高自身综合素质，拉近与游客的距离，更好地促进旅游业的发展。

一、礼节与礼貌

礼节是人们在交际场合中相互问候、致意、祝愿的惯用形式，礼貌则是人与人之间在接触交往中相互尊重和友好的行为规范。礼节是礼貌的具体表现。

礼节、礼貌作为人的一种美德，是良好风度、优美情操、高尚志趣、美好心灵的外在表现，是文明行为的最基本要求。

"行为心表，言为心声"，礼节、礼貌是一个人内心世界的外在表现和真实感情的自然流露，体现出人的文化层次、文明程度和道德修养。

礼节、礼貌属于文化，是构成精神文明的基本要素，是适应最大多数人需要的伦理道德规范。礼节、礼貌在净化社会、美化社会中起着极为重要的作用。

礼节、礼貌的核心是尊重人。人际交往中应该相互尊重，彼此谦让恭敬；应该懂得尊重人就是尊重自己，懂礼节、讲礼貌、遵守和维护社会公德就是为自己创造一个文明的生活环境。

礼节、礼貌与"客套"之间存在原则区别。礼节、礼貌基于相互尊重并表里如一，而"客套"则往往是不真诚的、虚假的、表里相悖的。

礼貌体现着时代的和民族的风格和道德品质，不同时代、不同民族的礼貌表现形式不尽相同。

二、导游人员的礼仪规范

礼貌修养是一个自我认识、自我养成、自我提高的过程，一名优秀的导游人员总是把礼貌修养视作自身修养不可缺少的一部分。

（一）服饰举止

（1）导游人员在工作时，服装应朴素、整洁、大方。

（2）进入室内，男士要摘帽，男女都要脱掉大衣、风衣等，不戴太阳镜。

（3）坐、立都应端正、自然，不懒散和随便，动作不轻浮。

（4）注意清洁卫生，男导游人员要常理发，天天刮胡须，指甲要常修，鼻毛要及时剪短；带团期间，导游人员不要吃葱、蒜、韭菜之类的异味食品；不随地吐痰。

（5）养成咳嗽、打喷嚏用手捂住口鼻并面向一旁的习惯；不在客人面前掏耳朵等。

（二）日常礼节

（1）初次见游客，导游人员应表示欢迎，主动介绍自己并与客人握手，但男导游人员面对女宾客，可点头致意；多人同时握手时，注意不要交叉；握手时要目视对方、微笑。

（2）互换名片时，要双手将名片递给对方，目视对方并说些客气话；接对方名片时要用双手并认真看一下再放入口袋。

（3）到游客住房，应预先约定并准时到达；进门前要敲门或按门铃，经主人允许后方可进入；不要单独进异性的房间。

（三）谈话时的礼节

（1）谈话时，导游人员的态度要真诚，表情要自然、大方，语音、语调和气亲切，力求讲话得体、礼貌。

(2) 多谈大家高兴、都能发表看法的话题；与女士谈话要谦虚、谨慎，不开玩笑；一般不问女士的年龄、婚姻；不询问客人的简历、工资收入、家庭财产及个人私生活方面的事。

(3) 谈话距离不宜太近，以相距半米为好；声音不宜过高，手势不宜过多；要坦诚地目视对方。

(4) 游客相互交谈，导游人员不应趋近旁听；若需与其中某人谈话，应等对方谈完；等不及时，应打招呼并致歉。

(四) 导游时的礼节

(1) 导游时可用手势等体态语言配合，但动作不宜过大；不要用手指人、点人数；回答游客问询时要耐心、简洁明了；说话不宜过头，要留有余地。

(2) 陪团时，导游人员应提前到达集合地点；客人上车时，应站在车门口欢迎客人，待客人上齐后方可上车。在参观游览过程中，导游人员不可离开旅游团单独活动。

(五) 人际交往中的待人接物常识

(1) 自尊，但不贬人。一个人必须自尊自爱，但也要尊重别人，要尊重他人的人格和自尊心，尊重他人的劳动和权益（包括自主权、隐私权）；要尊重老弱病残，尊重妇女。

人人都希望得到别人的尊重，但要使别人尊重自己，首先必须尊重别人。不尊重别人，自己就不可能得到别人的尊重，人与人之间就不可能和睦相处。

(2) 信任，但不盲从。人际交往，应以诚、信待人，要"言必信，行必果"，按照"合理而可能"原则办事，对人不信口开河，待人不口是心非，处事不草率从事。要信任他人，但不是盲从，遇事总要问个"为什么"，这样可少上当、少犯错误。

(3) 谦虚，但不虚伪。谦虚随和是人之美德、君子之风；谦虚的基础是"坦诚"，虚情假意是虚伪；对人谦虚，但不是谦卑，更不是谄媚。

(4) 老练，但不世故。老练靠知识和经验的长期积累。

一个老练的人能在万千世界中透过现象抓住本质，能随时摆正感情和理智的关系。一个老练的人在待人接物时严肃谨慎，但不拘谨怯懦；能在适当场合适当显示自己，但不自我吹嘘、狂妄自大；仪表落落大方，办事干练得体，但不圆滑世故。

(5) 宽容，但不失原则。忍耐、宽容是君子之风。忍耐，关键在冷静，处事沉着果断；宽容是自己强大的表现，绝不是怯弱。

宽容，就要理解为上，善解人意，即善解人言之意，善解人行为之意，善解人难言之隐；同情别人的不幸，关心别人的难处，体谅别人的苦衷。

忍耐宽容，要做到严于律己、宽以待人，但不是无原则地一味迁就。

(6) 热情，但有分寸。导游人员要快乐活泼，但不轻浮，要幽默风趣，但不油滑；

待人要热情坦诚，但要有节制。

第三节　旅游卫生保健与安全知识

一、旅游保健及卫生知识

（一）旅游保健常识

导游人员外出带团旅行，要保护好游客的生命和财产安全，需要注意的事项很多，但从保健方面来说，要做好以下几点：

（1）旅游前的健康检查工作。首先，导游人员要对自身的健康状况进行自查，确保能够顺利完成带团工作。同时要提醒游客在旅游前做好健康检查，慢性病患者需要向导游人员报备并自备常用药物。

（2）旅游途中的卫生保健。要随时关注出游目的地的气候和温度。提醒游客适当增减衣服，保持身体健康，这在出行过程中很重要。

此外，在旅游活动中，"旅游四宝"（扇子、雨伞、眼镜、太阳帽）也是必不可少的。

（3）保持身心健康。出门旅游，一定要量力而行，保持良好的身心健康，才能玩得高兴、游得有意义。一般应注意以下几点：①旅行计划量力而行，注意劳逸结合，避免过度劳累。团队或两三人旅行，一定要有整体观念，一切安排都应以体弱者作为基点。②努力缩小旅行生活与平时生活之间的差距。从出发之日起，要尽可能维持正常的生活规律。如定时休息、睡眠与起床，定时进食与排便，使饮食起居节律不被破坏。③饮食要讲求营养。旅行时身体消耗大，营养补充一定要足。住宿休息时，在可能的情况下要考虑选择条件良好的饭店，睡个安稳、舒适的觉，以使劳累一天的疲惫身体能得到充分的恢复。

（4）充足睡眠，缓解疲劳。睡眠是恢复体力、保证精力充沛的基本条件。每天保持良好而充足的睡眠，做到劳逸结合，才能使旅行变得轻松惬意。

（5）住空调房的健康保健。旅游住宿一般都是空调房，住宿时要注意：睡前调好温度，睡时切忌开冷风；室内外温度差不宜太大，一般差幅为5℃左右，也要适当考虑个人的生活习惯和要求；无论在什么时候，都要避免冷风直吹身体。

（6）自用药品准备。首先，导游人员应准备好自用常备药品。在带团前，根据自己的身体状况，带些常用药品，以备不时之需。

（二）饮食卫生常识

旅途中保持身体健康的首要条件就是时刻注意饮食卫生，防止病从口入。旅行中的饮食卫生主要有以下方面需要注意：

（1）注意饮水卫生。一般来说，旅途饮水以开水和消毒净化过的自来水最为理想，其次是山泉和深井水，江水、河水、塘水、湖水千万不能生饮。无合格水可饮时，可用瓜果代替。

（2）慎重对待每一餐，饥不择食要不得。学会鉴别饮食店卫生是否合格。卫生合格的一般标准：有卫生许可证，有清洁的水源，有消毒设备，食品原料新鲜，无蚊蝇，有防尘设备，周围环境干净，收款人员不接触食品且钱票与食品保持相当距离。

（3）在车船或飞机上要节制饮食。乘坐交通工具期间，由于没有运动条件，食物的消化过程延长、速度减慢，节制饮食，避免引起肠胃不适。

二、旅游安全知识

（1）搭乘飞机时，应注意飞行安全，扣好安全带，不带危险或易燃品，不在飞机升降期间使用移动电话等电子产品。

（2）贵重物品应放置在饭店保险箱内，如随身携带，注意保管。

（3）出入饭店房间应随手关门；听到火警铃响，由紧急出口迅速离开，切勿搭乘电梯。

（4）搭乘快艇、漂流、木筏参加水上活动，应按规定穿着救生衣，并遵照工作人员的指导。

（5）海边戏水时，勿超越安全警戒线；不熟悉水性者，切勿独自下水。

（6）行程中或自由活动时若见有刺激性活动项目，身体状况不佳者请勿参加。

（7）搭车时勿任意更换座位，头、手勿伸出窗外，上下车时注意来车方向，以免发生危险。

（8）搭乘缆车时，依序上下，听从工作人员指挥。

（9）行走雪地、陡峭山路，应小心谨慎。

（10）团体旅行时不可擅自脱队。单独离队，需征得全陪同意，并牢记住宿饭店的地址、电话。

（11）抵达景区游览前，谨记导游人员交代的集合地点、时间、所乘旅游车车号。万一脱团，应于集合地点等候导游人员返回寻找。

（12）外出旅行，注意饮食，注意身体健康。

（13）夜间或自由活动时间自行外出，应告知全陪或团友，应特别注意安全。

（14）注意财产安全。

（15）每次退房前，应检查所携带的行李物品，特别注意检查证件和贵重财物。

（16）旅行过程中，一旦遇到意外交通事故，不要惊慌失措，了解一些处置办法可帮助转危为安或减少伤害。

（17）在旅游途中可能会遇到如泥石流、龙卷风之类的天灾。当这些意外的灾难从天而降时，导游人员应了解相关应对措施，应该当机立断，迅速采取有效措施，使游客能安全躲避或尽快逃离现场。

本章小结

本章主要介绍了导游实操业务常用的知识，包括旅行社业务知识、礼貌礼仪等方面的常识。本章内容介绍的目的是增加导游人员带团的常用知识，增强导游人员带团技能。

复习思考题

1. 简述旅行社经营的主要业务。
2. 旅行社的旅游产品有哪些类型？
3. 谈话时的礼节有哪些？
4. 旅行中的饮食卫生应注意哪些方面？
5. 导游人员应掌握哪些旅游安全知识？

实训题

结合所学的知识，模拟练习导游人员的礼仪规范。

典型案例

案例 游客出现食物中毒

事情经过：

导游人员小洪带领一个旅游团乘飞机来到某海滨城市。到达后，旅游团到某餐馆用晚餐。餐后，旅游团直接赶赴所下榻的饭店。小洪分完房间，把分房名单拿到后，就向客人告别并进房休息了。后半夜，总台服务人员把小洪叫醒，告诉他有几个游客突然感到腹痛，有的还伴有腹泻、呕吐等症状。小洪赶紧起床前去察看。据小洪分析可能是客人当晚食用了不新鲜的海鲜而导致食物中毒。小洪立即将客人送往医院，由于抢救及时，没有产生更严重的后果。

案例点评：

游客食物中毒属于旅游安全事故，如果处理不当，不但给游客本身造成伤害，而且会给旅行社带来经济和名誉损失。

本案例中的导游人员在客人用餐前没有采取预防措施，检查餐厅卫生情况，没有对游客及时提醒，对事故负有一定的责任。若有客人食物中毒，导游人员应采取应急措施，将患者送往就近医院抢救，并请医生开具证明；立即报告旅行社，追究供餐单位的责任；协助旅行社帮助游客向有关部门索赔。

参考文献

[1] 全国导游资格考试统编教材专家编写组.导游业务[M].北京:中国旅游出版社,2021.
[2] 叶娅丽.导游业务[M].上海:上海交通大学出版社,2017.
[3] 张建梅.导游实务[M].上海:上海交通大学出版社,2016.
[4] 全国导游人员资格考试教材编写组.导游业务[M].北京:旅游教育出版社,2016.
[5] 黄细嘉.导游业务通论[M].北京:高等教育出版社,2010.
[6] 中华人民共和国国家质量监督检验检疫总局,中国国家标准化管理委员会.导游等级划分与评定:GB/T 34313—2017[S].北京:中国标准出版社,2017.
[7] 中国旅游协会旅游教育分会.优秀导游词集锦——"巽震杯"第八届全国旅游院校服务技能(导游服务)大赛成果展示[M].北京:旅游教育出版社,2016.
[8] 戴斌,张扬.旅行社管理[M].4版.北京:高等教育出版社,2019.
[9] 廖蓉.导游实务[M].武汉:华中科技大学出版社,2020.
[10] 张素梅,陶楠.导游实务[M].北京:中国轻工业出版社,2022.
[11] 殷开明.导游实务[M].镇江:江苏大学出版社,2020.
[12] 魏旭武.导游实务[M].北京:中国传媒大学出版社,2017.
[13] 李巧义,吴红梅.导游业务[M].桂林:广西师范大学出版社,2015.
[14] 全国导游资格考试统编教材专家编写组.导游业务[M].北京:中国旅游出版社,2019.
[15] 杜炜,张建梅.导游业务[M].2版.北京:高等教育出版社,2006.
[16] 范黎光.导游业务[M].北京:机械工业出版社,2003.
[17] GB 15971—2011.导游服务规范[S].
[18] 陈向群.导游业务[M].济南:山东科学技术出版社,2002.
[19] 陈巍.导游实务[M].北京:北京理工大学出版社,2010.
[20] 李娌,王哲.导游服务案例精选解析[M].北京:旅游教育出版社,2007.
[21] 毛福禄,樊志勇.导游概论[M].天津:南开大学出版社,1999.
[22] 唐由庆.导游业务[M].北京:高等教育出版社,2002.
[23] 张力仁.导游业务[M].北京:高等教育出版社,2003.
[24] 陈永发.导游学概论[M].上海:上海三联书店,1999.
[25] 陈刚.导游业务[M].北京:高等教育出版社,2000.
[26] 杜炜,张建梅.导游业务[M].北京:高等教育出版社,2002.
[27] 陶汉军,黄松山.导游业务[M].天津:南开大学出版社,2005.
[28] 杨光,王冬青.导游业务[M].北京:电子工业出版社,2007.
[29] 上海市旅游局.导游服务规范与技能[M].上海:东方出版中心,2013.
[30] 蒋炳辉.导游人员带团200个怎么办[M].北京:中国旅游出版社,2002.
[31] 梁杰.导游服务成功秘诀[M].北京:中国旅游出版社,2006.
[32] 孔永生.导游细微服务[M].北京:中国旅游出版社,2007.
[33] 中国旅游网 http://www.ct.cn.
[34] 中国人大网.中华人民共和国旅游法释义[EB/OL].(2013-12-24)[2022-5-10].http://www.npc.gov.cn/zgrdw/npc/flsyywd/xingzheng/2013-12-24/content_1819953.htm.